在线旅游发展下的旅游目的地竞争战略选择研究

魏丽英　路科　著

北京
冶金工业出版社
2019

内 容 提 要

本书以在线旅游发展为背景，对旅游目的地提升竞争力并制定竞争战略进行了研究。全书共分9章，主要内容包括在线旅游及旅游目的地的研究进展、核心概念的辨析和界定、旅游供给与需求影响因素的变化、旅游目的地竞争环境的分析、旅游目的地的基本竞争战略、基于产品生命周期的旅游目的地竞争战略、基于行业定位的旅游目的地竞争战略以及竞争战略实施的保障措施等。

本书可供旅游管理领域的研究人员、旅游目的地的管理人员、旅游管理专业的高校师生阅读，也可供旅游企业人员参考。

图书在版编目(CIP)数据

在线旅游发展下的旅游目的地竞争战略选择研究/魏丽英，路科著.—北京：冶金工业出版社，2019.7

ISBN 978-7-5024-8330-2

Ⅰ.①在…　Ⅱ.①魏…　②路…　Ⅲ.①旅游地—旅游资源—竞争战略—研究　Ⅳ.①F590.3

中国版本图书馆CIP数据核字(2019)第265246号

出 版 人　陈玉千
地　　址　北京市东城区嵩祝院北巷39号　邮编　100009　电话　(010)64027926
网　　址　www.cnmip.com.cn　电子信箱　yjcbs@cnmip.com.cn
责任编辑　杜婷婷　美术编辑　郑小利　版式设计　禹　蕊
责任校对　郭惠兰　责任印制　李玉山
ISBN 978-7-5024-8330-2
冶金工业出版社出版发行；各地新华书店经销；北京虎彩文化传播有限公司印刷
2019年7月第1版，2019年7月第1次印刷
148mm×210mm；4.625印张；137千字；138页
32.00元

冶金工业出版社　投稿电话　(010)64027932　投稿信箱　tougao@cnmip.com.cn
冶金工业出版社营销中心　电话　(010)64044283　传真　(010)64027893
冶金工业出版社天猫旗舰店　yjgycbs.tmall.com

前　言

互联网和信息技术发展下的在线旅游推动着旅游业的不断革新和前进。本书对于在线旅游的研究超出业界对于在线旅游预订和在线旅游组织等讨论范畴，更宽泛地将其视为互联网和信息技术发展下的旅游业态转变。

依托互联网、物联网、大数据等现代科技和信息技术，在线旅游的发展不断强化市场导向并强调消费者驱动，以往传统的旅游低效模式正逐步转变，门票经济下的旅游模式将彻底革新，全域旅游已成为我国未来旅游业深化发展的总体战略。未来的在线旅游发展将不断深化跨界融合，旅游业将与文化艺术、医疗养生、工农生产、体育健康、游学研学等交叉融合并创新发展，形成文化旅游、医疗旅游、养生旅游、工业旅游、农业旅游、体育旅游、研学旅游等多种新兴业态。在网络和通信技术的支持下，在线旅游发展的国际化特征正不断加强，国家不断深化"一带一路"国际文化旅游发展，旅游业将面临更多参与全球旅游治理体系改革和建设的发展机遇和挑战。在智能技术发展的推动下，智能化产品及服务深刻影响着旅游消费者的行为、体验和消费评价，为游客提供智能化的旅游产品和服务也是旅游业的整体走向之一。

综上所述，互联网及信息技术推动发展的在线旅游是旅游业发展面对的前所未有的新环境和发展背景，推动着旅游业不断创新，旅游市场竞争日趋激烈。虽然旅游业的未来发展整体趋势向好，但仍存在诸多风险。因此，本书探讨的中心是旅游目的地的竞争发展。旅游目的地作为旅游业众多层面问题所承载依托的基础单位，只有聚焦于整个目的地的发展，才是旅游目的地管理者不断提升，以及区域旅游业不断优化发展所必须具备的系统性视角。

竞争战略是决定旅游目的地如何在其旅游市场上展开竞争并长期发展的方向和范围的规划。本书主要以在线旅游发展为背景，以旅游目的地为单位探讨竞争战略的制定与选择。需要说明的是，本书的研究并不会针对某一个层级的旅游目的地来讨论详细的竞争战略体系，而是根据旅游目的地的构成结构抽象分析如何提升旅游目的地竞争优势并且制定具有普适性的竞争战略。

本书内容涉及的研究工作得到了黑龙江省普通本科高等学校青年创新人才培养计划项目（项目编号 UNPYSCT-2015104）、牡丹江师范学院学术创新拔尖型人才培养计划项目（项目编号 MQP201401）、牡丹江师范学院横向课题（2018H24）的资助。本书在编写过程中，参考了相关作者的著作及文献，在此一并表示感谢。

因作者水平所限，书中不妥之处，欢迎读者不吝指正。

作　者

2019 年 5 月

目　录

1 导　　论

自1978年改革开放开始，中国的旅游业从起步、发展到逐步壮大，目前中国已经成为世界旅游大国，并且不断向世界旅游强国迈进。自20世纪90年代开始，互联网在我国迅猛发展，旅游业不断与互联网融合，促使在线旅游不断发展并日益壮大。

在线旅游发展有力地推动了中国旅游朝大众化发展，在推动中国旅游市场不断扩大的同时，旅游经济发展的区域差异化也越来越强。虽然从整体来看，旅游业仍呈现出明显的淡旺季差别。但在淡旺季的同时期内，各旅游目的地也同时呈现着旅游收入和效益的巨大差异。

从区域经济发展水平来看，一般而言区域经济发展水平高的地方，旅游业发展得也非常好。例如东部沿海京津冀地区、长三角地区、珠三角地区的旅游业发展是我国旅游业的一线地区。相对而言，中部及西部经济相比较落后地区，其旅游业发展往往也相对落后。

从旅游资源保有及开发利用来看，具有垄断或独特优势的自然或人文旅游资源的旅游目的地，往往旅游市场需求旺盛、旅游经济效益高。相比较而言，旅游资源优势不足的地区旅游市场需求也相对较低，且旅游经济效益同样较低。

旅游业是一个综合性非常强的产业，其发展受到诸多因素影响，涉及诸多产业部门的辅助和支持，目前造成旅游经济发展区域差异的因素复杂，各种环境变化和条件改善都会引导现状不断优化。而且，从马克思主义发展观来看，目前区域旅游经济发展的差异也并非是一成不变的，只要找准问题，突破发展障碍，旅游经济发展落后地区也会逐渐迎头赶上。

因此，面对互联网时代的旅游经济发展，明晰在线旅游发展走势及影响，正视旅游目的地间的竞争态势，科学制定竞争战略，才是旅游目的地健康快速发展的关键。

1.1　在线旅游的发展

互联网的产生和发展是在线旅游发展的基石，也是在线旅游不断发展的推动力。互联网和信息技术的不断进步和创新推动着在线旅游不断产生新的业态和呈现新的发展特征。

1.1.1　在线旅游发展历程

对于在线旅游发展历程的总结梳理，业界较多的划分方式有三阶段、四阶段等。但归结其本质，都是基于对在线旅游代理商或称为在线旅游预订服务等的发展而进行的划分。代表性的划分方式有以下几种。

1.1.1.1　*在线旅游产业发展的四阶段划分*

第一阶段：萌芽期（1997~1998 年）。以中国第一批旅游网站华夏旅游网、携程旅游网、Et-china、中青旅在线等的诞生为标志。

第二阶段：起步期（1999~2002 年）。在线旅游服务商在发展中创新运营模式，通过收购传统的分销商不断拓展市场覆盖范围。如“艺龙”收购 LOHOO 酒店预订公司、“携程”收购北京现代运通订房网等。

第三阶段：发展期（2003～2008 年）。主要体现在以下五个方面：

（1）在线旅游实施中国特有的电话呼叫中心服务与网络相结合的预订方式，向旅游消费者提供旅游产品预订服务；

（2）在线旅游服务商开始上市融资，扩大业务范围，如 2003 年“携程”在美国纳斯达克上市、2004 年“艺龙”在美国纳斯达克上市等；

（3）传统旅游供应商，如酒店、航空公司大力开展在线预订及网络直销业务；

（4）各种细分垂直型的在线服务商不断兴起，如“途牛、驴妈妈、悠哉旅游网”等；

（5）综合型互联网公司进军在线旅游，如“淘宝旅行、新浪旅游”等。

第四阶段：持续完善期（2009年至今）。在线旅游的垂直细分深化发展，不断加剧在线旅游市场竞争。

1.1.1.2 在线旅游产业发展的三阶段划分

第一阶段：起步发展期（1997~2004年）。以1997年华夏旅游网成立、1999年携程旅行网及艺龙网成立为起点，中国在线旅游业正式进入起步阶段。进而以“携程、艺龙”分别于2003年、2004年在美国纳斯达克成功上市为节点，划分出在线旅游发展的第一阶段。

第二阶段：成长分化期（2005~2012年）。该阶段同样也是关注在线旅游市场的垂直细分发展，包括垂直搜索的发展，如“去哪儿”和酷讯网的成立及发展，以及旅游社区和旅游论坛的发展，如乐途旅游网、“马蜂窝”的成立及发展等。

第三阶段：整合集成期（2013年至今）。这一阶段的主要特征就是在线旅游领域的整合并购，如2013年，“携程”投资中国台湾的“易游网、永安旅游、汉庭连锁酒店、首旅建国酒店、驴评网”等；2014年投资“同程、途牛、蝉游记、世纪明德”等；2015年投资“艺龙”，与“去哪儿”合并等。

1.1.1.3 北京旅游研究基地的三阶段划分

该项研究将中国在线旅游发展同样划分为三个阶段。

第一阶段：传统OTA（online travel agent）主导时期（1997~2005年），之下又进一步细分为三个时期：

（1）萌芽阶段（1997~1998年），以华夏旅游网成立为标志，该网是以诸多传统旅行社为主体的旅游网站，作为旅游产品的分销渠道补充，网站功能较为单一，以发布旅行社的团队旅行线路为主；以传统分销代理为主的旅游网站和以风险投资为主组建的旅游网站的建立。

（2）起步阶段（1999~2002年），以携程、艺龙旅行网的成立为标志，包括在线旅游服务商之间的整合并购以及服务运营模式的创新。如2000年5月艺龙收购北京佰德勤旅行管理顾问公司，携程收购北京现代运通公司等。同时，在线旅游企业开始转变服务理念，商业模式从以提供资讯为主，转向以提供在线预定为主，并逐渐形成了中国特色的在线旅游的“互联网+呼叫中心”的销售预订模式。

（3）成长阶段（2003~2005年），该阶段以携程、艺龙在美国纳斯达克成功上市为标志，商业模式上仍然主要以OTA型在线旅游交易平台为主，同时出现了以去哪儿网为代表的垂直搜索引擎，以及以同程网为代表的“B2B-B2C”在线旅游服务商模式。

第二阶段：细分化发展时期（2006~2010年）。该阶段商业模式下市场主要存在四类细分化的在线旅游企业类型：

（1）第一类是OTA型在线旅游交易服务商，代表性的企业有携程、艺龙、途牛、驴妈妈等。

（2）第二类是垂直搜索引擎类在线旅游服务平台，代表性企业如去哪儿、酷讯等。

（3）第三类是社区点评攻略类在线旅游服务平台，代表企业如到到网、马蜂窝、穷游网等。

（4）第四类是“B2B-B2C”在线旅游服务商，代表性企业如同程网、欣欣旅游网、汇通天下等。

第三阶段：多元化发展时期（2011年至今）。该阶段在线旅游市场参与主体越来越多，商业模式运营越来越多元化、差异化，出现百家争鸣的局面。如：

（1）携程打造综合旅游服务平台；

（2）艺龙专注酒店预订平台；

（3）去哪儿网专注旅游搜索平台；

（4）马蜂窝着力开发订票订房业务，形成社区型商业模式；

（5）淘宝、京东、腾讯、苏宁等企业开始涉足在线旅游，渠道分销商越来越多。

1.1.1.4 本书研究的阶段划分

需要说明的是，因为本书研究所持有的在线旅游观点更为宽泛，因此本研究对在线旅游发展历程的划分并非以在线旅游企业及在线旅游销售等发展特征为标准，更大程度上是以在线旅游市场的整体特征为讨论内容，同样也涉及旅游者在线进行旅游消费的意义范畴。而关于本书研究对在线旅游概念以及观点的论述将在后文详细讨论。

从搅动在线旅游市场的动力及社会环境等其他影响因素来看，我国在线旅游发展历程大致可分为三个阶段：即1997~2003年的萌芽探索期、2004~2006年的成长发展期，以及2007年至今的高速竞争发展期。

至于部分学者所持有的在线旅游市场将在2018年之后逐渐进入应用成熟期的看法，笔者持有不同看法。诸多学者研究中均指出在线旅游市场的发展还存在众多问题，对这些问题的解决并非一朝一夕，而且部分问题根源较深，需要法规和制度的完善支持来进行解决，在线旅游市场的成熟发展还是一条较为长远的道路。

第一阶段，在互联网不断发展下，自1997年起，以携程、艺龙等为代表的在线旅游经销商相继成立，开启了我国在线旅游市场的探索之路。

但受到互联网经济发展不稳定的影响，2001年互联网经济的低谷以及2003年大规模性非典病情的爆发，使得在线旅游市场发展受到阻碍。这也充分体现了旅游业的依赖性和敏感性特征。也在提醒我们进行在线旅游的规划管理时应更多地关注旅游业应对风险、弱化依赖性和敏感性的防范研究。

第二阶段，2003年12月和2004年10月，携程和艺龙分别在美国纳斯达克上市，旅游业逐步恢复，走入正轨，在线旅游市场随之开始复苏。

接下来的此后几年内，同程、去哪儿、途牛等企业相继成立。

到2006年，港中旅、中青旅、康辉、国旅等传统旅游服务商线上分支也进入市场，国内外的传统航空公司也随之跟进，使得我国的在线旅游市场全面启动。

第三阶段，从2007年起在线旅游市场开始进入高速发展期，以在线旅游服务为主营业务的服务型电商相继崛起，各类型在线旅游企业纷纷上市。随着我国旅游业整体的飞速发展，在线旅游市场也进入了高速发展时期，但与此同时市场的竞争也越来越白热化。

1.1.2 在线旅游发展的未来环境及趋势

1.1.2.1 在线旅游发展的宏观政策环境良好

近年来，各类相继出台的旅游政策文件都不断表明国家对旅游业发展的重视以及对在线旅游发展的关注和支持。

从旅游业在国家的定位发展来看，我国政府已经明确地将旅游业定位为我国国民经济发展的战略性支柱产业。2016 年起国务院已经将“全国旅游业发展规划”纳入国家“十三五”重点专项规划行列，充分表明了党和政府对旅游业的重视和支持。

从在线旅游的发展来看，国家层面已经提出了“互联网+旅游”发展战略，并且不断酝酿和出台各种国家层面的支持发展措施。如：

（1）2014 年被原国家旅游局（现为文化和旅游部）确定为“智慧旅游年”，积极鼓励在线旅游企业借助云计算技术、互联网/移动互联网技术、智能终端等先进手段，提升在线旅行预订的服务品质和用户体验。

（2）在 2015 年“旅游+互联网”大会上，原国家旅游局（现为文化和旅游部）明确表示要大力促进发展旅游新业态，为在线旅游业全面松绑，将旅游业列入国家整体的“互联网+”发展工程之中。

此外，我国政府相继出台政策为在线旅游企业发展积极拓展融资渠道，鼓励金融机构对在线旅游企业创业和发展提供信贷支持；政府已经启动针对在线旅游发展的相关法规和管理办法的制定，积极致力于推动建立在线旅游市场的良好秩序，以及严格规范的市场准入机制，保障在线旅游健康发展。

尽管目前国家颁布的《中华人民共和国旅游法》并没有针对在线旅游进行专门规定，但 2014 年 7 月，国家颁布的《旅行社产品第三方网络交易平台经营和服务要求》《旅行社服务网点服务要求》等 5 项旅游业行业标准对在线旅游经营服务已经做出了初步规范。

1.1.2.2 在线旅游发展的经济环境日益向好

首先，中国的经济增速连续保持在 6.7%~6.9%的中高速区间运行已经达到了12个季度，其波动区间仅仅有0.2个百分点。如此窄幅的经济波动在历史上可以说从未有过，可见我国经济发展处于持续平稳的增长状态中，而且这一增长还是在中国经济总量突破80万亿元的巨大基数基础上，这足以说明中国整体的经济发展韧性更强，经济高质量发展的底气也更足。这也为我国在线旅游以及整体旅游业的发展提供了良好的经济环境基础。

其次，从未来的发展趋势看，良好的经济发展基本面并辅之以有利的经济发展环境，为在线旅游的未来发展提供了强有力的保障和支撑。

总体来看，中国经济稳中向好的发展态势没有变，具备保持稳定增长的巨大潜力和坚实基础。中国的未来经济发展环境将能一如既往地为在线旅游以及整体旅游业发展提供强有力的保障和支撑。

1.1.2.3 在线旅游发展的社会结构环境日趋优化

互联网普及率不断提高，为在线旅游消费提供了充足的社会群体基础。据中国互联网络信息中心（CNNIC）数据显示，截至2017年12月底，我国网民的规模已经达到7.72亿人，互联网普及率持续提升，比2016年底增加2.6个百分点，已经达到55.8%。

即使作为互联网发展弱势地区，农村网民数量也在不断提升，网络普及率不断提升可更好地促进在线旅游的发展。2017年底我国农村网民数量规模已达2.09亿人，占比为27.0%，较2016年增长4.0%。

同时，我国个人互联网应用保持快速发展，网民消费使用手机网上支付比例增长至65.5%，手机支付正加速向农村地区网民渗透，这种种社会消费习惯也将成为推动在线旅游不断发展的动力。

此外，虽然我国目前网民以10~39岁群体为主，占整体网民的73.0%；但与2016年底相比，我国60岁以上高龄群体的网民占比有所提升，互联网正继续向高龄人群渗透并保持增长。这对于我国老龄化趋势的社会人口特征来说，将为在线旅游发展增加更大的市场空间。

1.1.2.4 在线旅游发展空间巨大

据公开数据显示：2015 年，我国旅游市场在线渗透率为 13.1%；2016 年，在线旅游渗透率达到 15.8%；到 2017 年，在线旅游渗透率提升到 16.5%。

而相比较下，印度这一比率已超过 30%，更不用说欧美等世界旅游强国高达 50%左右的比率了。

可见，中国在线旅游市场仍有巨大发展空间。

1.1.2.5 在线旅游产业的内部结构不断完善

第一，为改善在线旅游产品和服务“不接地气”的缺陷，进一步拓展市场空间，各在线旅游企业正全面布局线下产业链条，建立旅行社门店，从线下扩充用户量，发展线上线下联动运营的新模式，从而提高盈利空间。

第二，在线旅游供给更加关注消费者个性化需求。在传统的共性需求发展下，不断关注仍然具有共性的个性化需求延伸。如：

(1) 积极了解客户信息及现实情况，收集客户评价，关注社交媒体；

(2) 积极发展智能通信渠道，为客户提供自助服务，以缓解人工服务的排队困境；

(3) 积极确保人文关怀，对复杂性需求提供额外关注和持续关注；

(4) 积极设置科学的交接制度保障智能通信不能处理的复杂问题及时有人工服务跟进等。

第三，在线旅游市场细分和目标定位不断完善。如：

(1) “携程”将细分领域专注到了无线领域，推出高端品牌“鸿鹄逸游”；

(2) “去哪儿”加大公寓、租车等方面新领域投入；

(3) “途牛”专注“一对一的旅游顾问服务”，以及关注自驾游产品等。

第四，不断开拓市场机遇，创新发展模式。如旅游与金融的结合发展，旅游与人工智能的结合应用，以及旅游与其他产业融合的创新发展等，都成为在线旅游市场主体不断参与的新的盈利空间。

第五，不断健全在线旅游平台系统。如以携程为代表的在线旅游平台的建设和完善，包括服务规则建立与维护、服务质量评价与提升，以及基于服务信息汇总分析、数据运营、趋势预测等。

通过数据整合、资源整合，吸引更多的资源和服务商，为服务链条的持续分解和细化提供数据、技术、资源支撑，逐步构建自我完善与服务社会的在线旅游产业系统。

第六，不断加强资源共享。如携程构建覆盖线下旅游资源、在线旅游、旅游社交、游学、邮轮、旅游出行、导游服务等在内的全品类产业链条，实现了各类旅游资源的线上汇集、分类，以及标准化生产，并不断加强资源集聚及资源共享。

1.1.2.6 信息技术不断发展推动在线旅游不断创新发展

各种新兴技术的发展正不断促进在线旅游消费及产品和服务质量提升。例如，移动支付、数字地图、智能穿戴、虚拟现实等技术逐渐在在线旅游市场中应用。代表性的如艺龙率先将 VR 虚拟技术应用在了酒店预订系统中。

总之，在线旅游发展正拥有着良好的发展环境，未来发展海阔天空。

1.2 旅游目的地的竞争发展

从我国旅游业发展实际来看，旅游业发展的区域性差异十分明显，旅游目的地间的竞争日趋激烈。

以基础行政单位的城市旅游目的地来看，各项旅游经济效益指标差值较大。无论从整体数据还是平均值来看，都能反映出各旅游目的地在面向激烈的旅游竞争市场环境下，旅游目的地管理的某方面缺陷导致了旅游资源开发利用不到位、旅游产业链条建设不完整、旅游产品及服务不完善等诸多问题。需要我们从目的地整体、旅游业系统的角度进行探讨和研究，为旅游目的地的竞争发展提供参考和借鉴。

据相关组织发布的 2018 年中国旅游城市排行可见上面阐述的具

体体现。

第一，从旅游总收入十强来看，北京、上海、广州位居城市旅游目的地前三位，与我们常提的经济中心“北上广”重合。天津、重庆、杭州、成都、武汉、苏州、南京等其他七个城市旅游目的地分列4~10位，也都是区域经济中心城市。

城市旅游目的地旅游收入前十名都是位于京津冀（北京、天津）、长江经济带（上海、重庆、杭州、成都、武汉、苏州、南京）以及珠江三角洲（广州）等的一、二线城市。这些城市旅游目的地区域经济实力强，基础设施建设完善，人口存量及流动性大，消费实力也居于全国首列，竞争能力强，所以在旅游收入上也更加具有拉动效应。

第二，从旅游总人次来看，城市旅游目的地重庆以近5.5亿旅游总人次高居第一，上海、北京位居第二、三，武汉排名第四。

对比上面的旅游收入数据可以发现，重庆虽然全年的旅游总人次位居全国城市旅游目的地第一位，但是旅游总收入位居全国第五，与2017年的数据相同。也就是说，在旅游者人均消费及旅游经济效益上，重庆还有非常大的提升和改善空间。

第三，从排行前50名城市旅游目的地新晋成员来看，贵阳、西安、郑州、台州、张家界五个城市是发展进步最大的城市。贵阳、西安分列第11、12位，郑州、台州分列第24、25位，张家界位居第44位。

可见，相较于同等经济发展规模和水平的其他城市旅游目的地，这五个城市的旅游业发展态势向好，竞争力提升迅速且效果明显，旅游经济拉动效应显现突出。

此外，若放大行政区域进行省域旅游目的地的对比来看，同样可以看出竞争环境下的发展差距。2018年旅游城市排行前50名上榜城市最多省份是浙江，共有8个城市入榜，江苏省以5个城市位居第二名，山东省以四个城市位居第三。而一些旅游资源大省，如陕西仅有西安1个城市入榜，排名远远落后。

虽然区域经济水平是主要影响因素，但恰如云南和广西GDP排名同年落后于陕西，反而这两省都以2个城市入榜而排名远远领先，这些都说明在旅游目的地的竞争管理方面依然有需要改进和完善的地方。

1.3 旅游目的地竞争战略视角下的审视

自改革开放以来，中国旅游业经历了40年的发展。从产业初创到产业化进程加快，从市场萌发到市场不断深化，旅游发展的影响日益扩大，旅游业的竞争日趋激烈，旅游业新的发展趋势也在不断提出新的挑战。

从2018年改革开放40周年开始，中国旅游将迈入一个新的发展阶段，这个新的阶段具有许多新的发展机遇和特征。

第一，旅游业的发展将充分依托互联网、物联网、大数据等现代科技和信息技术，不断深化市场导向并强调消费者驱动。

第二，全域旅游是未来旅游业深化发展的总体战略，各地正在逐步推进全域旅游规划及实施，以往传统的旅游低效模式正逐步转变，门票经济下的旅游模式将彻底革新。我国许多地方已经开始大力推进发展全域旅游，如浙江开化已经按照其全域旅游规划推出了“全域旅游+景点”免费开放，其中包括了境内的5A级景区根宫佛国和钱江源国家公园。

第三，未来的旅游发展将不断深化跨界融合，旅游业的跨界将与文化、养生、健康、医疗、农业、体育、生态、考古、研学等交叉融合并创新发展，形成文化旅游、养生旅游、健康旅游、医疗旅游、农业旅游、体育旅游、生态旅游、考古旅游、研学旅游等多个新兴业态。

第四，旅游发展的国际化特征将不断加强。国家“一带一路”倡议的实施，将不断深化“一带一路”旅游发展的国际合作，各旅游目的地将面临更多参与全球旅游治理体系改革和建设的发展机遇和挑战，为全球旅游业尤其是发展中国家的旅游业发展不断贡献中国智慧和方案，并在旅游文化交流和旅游经济合作过程中全面提升旅游目的地的综合竞争力和国际影响力。

第五，未来旅游业的智能化发展是大趋势。信息时代的智能化产品及服务深刻影响着消费者的行为、体验和消费评价。为游客提供智能化的旅游产品和服务是旅游业的整体走向之一。例如通过无线通信、全球定位、移动互联网、物联网等技术实现现代化的自助导游，以 VR 等虚拟技术为旅游者消费决策及消费体验提供辅助等。

综上所述，互联网及信息技术的发展为旅游业带来了诸多机遇与挑战，深刻地推动着旅游业不断创新。旅游市场竞争日趋激烈，旅游业的未来发展整体趋势向好但仍存在诸多风险。正如本书书名所体现的，探讨的中心是旅游目的地的竞争发展。社会各界以在线旅游发展作为整体背景环境开展了诸多的角度研究，但我们认为从旅游管理工作的视角看，旅游目的地是众多层面的旅游问题作为承载依托的基础单位，只有聚焦于整个目的地的发展，才是旅游目的地管理者不断提升，以及区域旅游业不断优化发展所必须采纳的系统性视角。

竞争战略是决定旅游目的地如何在旅游市场上展开竞争的长期发展的方向和范围的规划。对于微观层面的景区旅游目的地来说，它的竞争战略是描述该景区如何在其重要或主要的市场上展开竞争。对于中观层面的城市旅游目的地来说，它所面对的每一个细分旅游市场，或者即将开展的每一种旅游业态都将拥有它各自的竞争战略。而对于更加宏观的省域旅游目的地，甚至国家旅游目的地来说，它对于整体的旅游业发展方向、全范围的旅游市场以及每一种即将创新的旅游业态，都应该拥有各自的不同的竞争战略。

本书主要以在线旅游发展为背景，以旅游目的地为单位探讨其竞争战略的制定与选择。需要说明的是，本书的研究并不会针对某一个层面的旅游目的地来讨论详细的竞争战略体系，而将是根据旅游目的地的构成结构，抽象分析如何提升旅游目的地竞争力优势并且制定具有普适性的通用竞争战略。

2 理论研究综述

2.1 在线旅游研究进展

在线旅游的提出和发展主要受到网络和信息技术的兴起和发展所推动。从某种程度上来说，信息技术的发展和互联网的普及渗透，彻底改变了旅游经济活动涉及的各方面信息的加工处理、传递、储存、搜索等方面的传统模式，旅游供需双方在这种改变的推动下积极应用互联网和信息技术及设备处理发布信息、传递信息、搜索信息并利用信息，力求满足各自的需要，实现自身的目标。

国内外对于在线旅游发展从不同角度和范围开展了相关研究。由于对于在线旅游概念的界定和使用存在差异，所以研究呈现的对象包括了旅游网站的研究、在线旅游企业的研究、旅游营销中的信息相关研究等。因此，本书在梳理在线旅游发展研究时，采用信息学视角进行分类，将在线旅游研究分为以下几个方面。

2.1.1 信息加工视角下的在线旅游研究

大数据发展下的旅游业各参与主体每时每刻都在产生海量未经整理的数字、文字、符号、图像、声音等原始数据，出于不同目的需要，各参与主体在其特定情况下对这些数字、文字、符号、图像、声音等进行加工整理，成为表达一定意义的信息。这里所说的信息加工视角即指在线旅游活动中的各参与方所进行的信息开发、数据加工处理等内容。

以此来看，在线旅游发展过程中，旅游目的地、旅游供应商、旅游经销商、社交媒体、旅游者等都参与了信息加工活动。按照其信息加工内容和目标的差异，可以将其划分为三类：

一是旅游目的地的建设以及宣传过程的信息加工，往往依托政府门户网站或专门的旅游门户网站进行信息存储和传递。

二是旅游供应商和旅游经销商的旅游产品和服务的开发及销售过程的信息加工，拥有自身的经营网站或平台储存及传递信息。

三是旅游者的消费及反馈评价、交流等过程的信息加工，往往通过上述各类网站或平台，以及论坛、贴吧等其他社交媒体的交互性进行信息存储和传递。

需要指出的是在论坛、贴吧等其他社交媒体的组织管理下，针对某一专题的旅游评论活动等具有了一定的信息组织开发性质，所以把社交媒体也作为信息加工主体之一。

根据上述分析，从信息加工视角来看，目前国内外的研究主要包括以下几个方面。

2.1.1.1 旅游目的地信息加工视角的相关研究

国外学者一方面关注旅游目的地的在线营销的信息加工功能，如 D. Buhalis 等（2002）分析了英国旅游网站的营销系统等；另一方面，国外的相关研究还涉及旅游目的地在线宣传信息加工的质量等方面，如 L. Mich 等（2005）提出一种质量模型及旅游目的地网站模块化的评价方式等。

相对而言，国内仅有从旅游目的地的网络营销角度开展研究的成果，也涉及部分信息加工的策略等内容，如高静等（2007）对国内 31 个省的官方旅游网站营销功能进行评估，指出目的地的在线旅游营销必须与目的地整体营销战略相适应等。

2.1.1.2 在线旅游企业信息加工视角的相关研究

国外学者多关注从信息技术角度引发的对在线旅游企业的影响以及相关的评价，但较少涉及对具体信息加工内容的研究。如 B. Pan 等（2000）指出美国在线旅游企业网站的成功经验包括旅游资源数据库的建设和信息加工的质量两个方面等。

相对而言，国内这一视角的研究较多关注信息加工中体现出的在线企业运营模式，并为在线旅游企业指出了信息开发加工的发展方向。

如张文华（2008）在分析我国在线旅游企业盈利模式基础上，

指出“大而全”的综合在线旅游信息服务和“小而专”的特色在线旅游信息服务是未来发展的主要趋势；任嘉（2009）在分析在线旅游企业六种盈利模式基础上，探讨了其中信息加工特征较为明显的“搜索——比价”式、“信息平台”式、“网络直销平台”式，以及“解决方案”式等模式的地位和未来发展趋势等。

2.1.1.3 旅游者信息加工视角的相关研究

在线旅游消费者在消费过程中的行为等数据经过有目的性的筛选，会为旅游目的地和旅游企业提供很有价值的商业信息，其在消费后所进行的旅游目的地或旅游产品及服务的在线评论同样也会成为旅游目的地及旅游企业进行改进的有用信息。

在此视角下国内外学者都展开了丰富的研究。国外如 A. Dickinger 等（2013）分析了“TripAdvisor”[1] 上的用户评论以及评论回复信息，探讨酒店的级别与评论及回复之间的关联；A. M. Munar 等（2014）通过对旅游社会媒体的研究，分析了旅游者在互联网分享旅游信息的动机以及影响因素等。

国内对此领域的研究目前也受到较多关注，如朱峰等（2006）分析了“亿龙网”的酒店点评信息，从旅游者的角度分析了客房和餐饮服务，以及相关设备设施等与酒店总体服务质量的互动关系；路紫等（2007）收集了“行知天下”旅游网等网站的消费者访问信息，包括访问时间和访问者个人信息，研究实际客流量与网络访问量是否存在一定关联；姚占雷等（2011）分析了“携程”“同程”和“驴妈妈”的网络游记信息，分析了华东首批国家 5A 级景区的景点热度与景区之间的共现关系等。

2.1.2 信息传递视角下的在线旅游研究

2.1.2.1 信息传递的技术应用研究

国外在该视角下的研究，较早的是从信息技术对网络营销信息传

[1] TripAdvisor，旅游网站，中文名为“猫途鹰”，收录逾 5 亿条全球旅行者的点评及建议，覆盖超过 190 个国家的 700 万个酒店、餐厅和景点，并提供丰富的旅行规划和预订功能。

递的影响方面开展的研究，如 B. Doolin 等（2002）分析了旅游目的地在线营销中的互联网技术应用等。而在移动信息技术兴起后，B. Lubbe 等（2010）分析了消费者的移动技术和设备准备性与其所获得信息和服务感知之间的直接关系等。

国内由于早期信息技术的落后，并未开展相关研究，目前对此方面研究的关注也并不高，如李云霞等（2005）探讨了利用全球分销系统 GDS（Global Distribution System）实现旅游业中的互动信息畅达等。

2.1.2.2 信息传递的双向性研究

这里的信息传递双向性指在线旅游供应方向旅游者的信息正向传递，包括旅游目的地、旅游供应商、旅游中介商等信息节点的参与，以及信息从旅游者向上述节点的反向传递。

对于在线旅游信息传递的双向性，国外学者明确地提出了观点。如 D. Park 等（2007）认为旅游信息的线上传递渠道主要有两种：一种是旅游产品销售者的自创信息传递，一般通过旅游产品销售者的网站或邮箱等渠道进行传递；另一种是线上旅游消费者的评论信息的反向传递，这种线上旅游消费者的评论对潜在旅游消费者具有较大的参考价值。S. Burgess（2011）通过对消费者的网络信息信任度研究指出，旅游消费者接受的网络信息传递主要来源是旅游产品销售者，除此之外还有旅游行业专家和其他旅游消费者，而且在线旅游信息查询者对其他旅游消费者所传递的旅游信息信任度最高，其原因是网络上旅游消费者生成的信息能够反映旅游者的真实旅游体验，其评论和陈述的可信度较高。

国内学者从双向信息传递结果的评判方面开展了研究，主要从旅游目的地形象感知方面判断正向信息传递目标与反向信息传递结果是否一致。如屈册（2014）对比了官方网站、旅行社网站以及 OTA（Online Travel Agency）上关于平遥的正向推介信息和“到到网”上平遥的反向旅游者评论信息，分析了双方在目的地形象塑造和感知等层面的差异；刘慈萱等（2014）对比了北京旅游官网上的正向宣传信息和“携程”“马蜂窝”“百度旅游”和“Tripadvisor”四个旅游网站上的反向游记信息，分析了两类信息中表现旅游目的地形象上的文字符号差异。

2.1.2.3 信息的正向传递研究

对于在线旅游信息由供应方朝向需求方的正向传递，国内外旅游者都开展了丰富的研究，但研究内容基本都是从网站营销的信息传递视角开展的，具有局限性。

国外诸多学者从网站营销功能的信息传递角度开展了研究，如 G. Piccoli（2001）指出旅游业应建立数据库并传递信息来开展网络营销，同时保证数据库信息的稳定可靠；R. Mulholland 等（2004）分析了加拿大安大略省在线旅行业的网络营销与旅游效益之间的关系等。

国内学者这一方面的研究情况与国外类似。如张青年（1999）提出旅游业网络营销应尽快制定相关的政策法规，规范信息传递行为；彭环宇（2001）在其旅游网站营销的研究中提到了数据库营销方法；杨锁强等（2003）提出了面向旅游网络用户的旅游信息产品的营销模式等。

2.1.2.4 信息的反向传递研究

对于在线旅游信息由需求方朝向供应方的反向传递，国内外研究十分丰富。主要可分为两类：一是旅游者消费过程的行为信息传递，二是消费后评论等反向信息传递。

（1）旅游者消费过程行为的反向信息传递研究。国外对旅游者消费过程的行为信息的研究，如 A. Frihida 等（2004）利用旅游者移动过程中产生的 GIS[❶] 数据信息分析预测旅游者行为的时间路径的可能性；R. Ahas 等（2008）利用旅游者旅行过程中手机位置的数据信息进行旅游研究，分析外国来访旅游者的特征等内容。

比较而言，国内对于这一角度的研究起步晚于国外，但近年来关注越来越多。如王守成等（2014）分析了九寨沟旅游者在线上传的

---

❶ GIS，Geographic Information System，指地理信息系统。

旅游照片数据，揭示多种时空尺度下旅游者关注度的空间格局及其演化过程，以及潜在旅游者受这些反向信息影响其景观关注度格局也表现出层次性；黄潇婷（2014，2016）采用GPS追踪技术获取旅游者时空行为轨迹数据，进行了旅游者时空行为研究等。

（2）旅游者消费后的在线评论等反向信息传递研究。国外对旅游者消费后的在线评论等反向信息传递研究包括反向信息传递的价值、反向信息传递的应用等。如S. Senecal等（2004）认为旅游者网上评论信息能够提高潜在旅游消费者的购买意愿，增大潜在旅游消费者购买网络被推荐产品的可能性；C. Morosan等（2008）分析了消费者对酒店两种预订渠道（酒店自建预定网站和第三方预订平台）的感受和评价，指出消费者更乐于使用第三方预订平台进行酒店消费；P. A. Johnson等（2012）利用社会媒体评论信息进行了加拿大新斯科舍省的案例研究等。

国内学者对于这一方面的研究更多关注反向信息传递所反映的旅游者行为特征、旅游目的地的形象感知以及旅游者满意度等方面。

首先，在旅游者行为特征的反映方面，如赵振斌等（2011）利用太白山旅游的网络游记，分析了背包客的旅游动机、路线、感知等行为特征；张妍妍等（2014）分析了“马蜂窝旅游网”上的西安游记，揭示了旅游者在西安旅游的时间和空间轨迹，总结了西安国内自助游游客的旅游流时间及网络结构特征等。

其次，在旅游目的地形象感知的反映方面，国内学者选取不同旅游目的地或景点开展了丰富的案例研究，但缺少普适性的深度理论研究。如张高军等（2011）利用关于华山风景区的网络日志和点评信息，分析了影响旅游者目的地形象感知的积极因素和消极因素；黄莎等（2012）利用“驴妈妈”上的点评信息对比分析了武夷山景区和九鲤湖景区的旅游者形象感知差异；王媛等（2013）利用“新浪博客”中的博文信息分析了旅游者对朱家角的形象感知等。

最后，在旅游者满意度的反映方面，学者们多通过反向信息传递分析旅游者进行在线评价的关注因素。如周永广等（2007）分析了“携程”关于黄山风景区的点评信息，揭示了影响旅游者满意度评价的重要因素；戴光全等（2009）分析了网络论坛上的照片游记信息，从拍摄内容和拍摄手法方面揭示了旅游者在旅游过程中的关注点及心理特征；吕洋洋等（2014）分析“携程”上的旅游者评论信息并提出了在线旅游消费者的评价维度模型等。

2.1.3 信息储存视角下的在线旅游研究

从信息储存视角来看，对于在线旅游发展中的信息存储研究更多关注的是互联网作为储存媒介的应用研究，国内外的相关研究也多是关于旅游网站作为储存媒介的分类研究、评价研究，以及运营模式研究等方面。

2.1.3.1 信息储存媒介的分类研究

国外的分类研究，如 W. G. Kim 等（2005）把旅游网站分为在线旅行社和在线旅游供应商两类，并进一步对二者的服务质量进行了比较研究等。国内的分类研究，如白凯等（2014）以网站存储的信息类型将旅游网站总体划分为专一信息型和综合信息型两大类等。

2.1.3.2 信息储存媒介的评价研究

国外学者对各类旅游网站都有评价研究，如 B. Doolin 等（2002）评估了新西兰地区旅游机构的网站发展水平；M. Prestipino 等（2007）对在线旅游社区进行评价并提出了建设的建议；B. Dippelreiter 等（2008）对 web2.0 时代的在线旅游社区进行了分析评价等。

国内学者对各类旅游网站的评价研究也较为丰富，大致可以分为四类：一是对在线旅游企业网站的评价研究，如周春林等（2010）对国内 20 个综合性电子商务旅游网站的内容交付性进行了评价；阎友兵等（2013）对“携程”“艺龙”等 6 个旅游电子商务网站进行了效率评价，并指出旅游网站内容建设应增多网站链接量并同时减少网站对象数量。二是对官方旅游网站的评价研究，如贾鸿雁（2015）对 2010~2014 年长三角地区 22 座核心城市的政府旅游网站建设与发展水平进行评价与比较，指出样本网站的交互性仍显不足，营销和在线交易功能有待提升；何秋亚（2016）从网站的信息内容、功能、速度、页面设计四个方面构建了官方网站评价指标体系。三是对旅游景区网站的评价研究，如袁梦如等（2012）对 50 个 5A 级旅游景区网站评价指出，样本网站的信息储存建设存在特色不明显、内容不丰富等问题；李伟等（2015）对 10 家 5A 级旅游景区网站评价指出，样本网站在动态信息、自助导游、客户服务等方面的信息储存建设不足。四是对旅游饭店网站的评价研究，如万绪才（2007）对南京市星级饭店网站进行实际评价指出，样本网站中中低档饭店网站的旅游信息服务功能更为低下等。

2.1.4　信息搜索视角下的在线旅游研究

信息技术的发展推动旅游者在传统纸质等信息媒介搜索的方式发生了巨大改变，国外诸多学者，如 S. Beldona（2005）、D. Buhalis 等（2008）皆指出互联网和信息技术改变了传统的旅游信息加工及传播方式，尤其改变了旅游者的信息搜索方式以及消费方式；S. W. Litvin 等（2008）也指出网络已成为旅游者的重要信息来源，绝大多数美国旅游者都通过网络媒介来搜索旅游信息。

在具体的研究中，国外学者 R. A. Peterson 等（2010）研究指出消费者进行网络信息搜集与最终确定购买决策往往存在一定的差异；Zheng Xiang 等（2011）进一步探讨了利用旅游搜索关键词进行美国旅游目的地城市的营销研究；A. Ghose 等（2012）研究了利用用户生成数据设计旅游搜索引擎的显示排序，从而增强用户搜索浏览价值等。

国内学者李山等（2008）、马丽君等（2011）、黄先开等（2013）皆利用样本景区搜索关键词的百度数据，分析了样本景区网络关注度与实际客流量之间的关系。更进一步，任乐等（2014）在分析关键词搜索量与游客量之间关系基础上构建了旅游客流量预测模型；杨敏（2014）利用搜索关键词数据分析了北京、上海等 8 大热门旅游目的地城市的关注度指数，以及关注度指数与城市知名度及旅游经济之间的关系。

2.1.5 信息利用视角下的在线旅游研究

国内外的在线旅游信息利用研究，更多的关注反向传递信息体现出的价值研究，包括旅游者消费行为信息和旅游后评论信息中反映的需求偏好、消费者行为特征等内容，以及旅游供应方应如何加以利用及改进。

国外学者，如 W. G. Kim 等（2004）分析了酒店网络预订意愿的众多影响因素信息，指出消费者以往的网络消费经历是最主要的因素；L. Li 等（2006）通过旅游消费者的消费行为信息分析，指出消费者的居住地、上网时间长度，以及旅游网站类型、产品创新性等因素都是在线旅游预订的重要影响因素；M. J. Kim 等（2010）以韩国为研究对象进行问卷调查及数据分析，指出顾客信任是影响在线旅游产品和服务消费的关键因素；M. Versichele 等（2014）利用蓝牙数据信息研究了样本目的地不同旅游吸引物之间的关联性，并分析了地理位置因素对旅游者访问路径的影响等。

国内学者，如曹新向（2007）研究了利用旅游者消费的网络信息进行区域旅游决策；于海波（2011）梳理了利用旅游网络话题数据进行定性研究的方法；吴茂英（2014）提出了利用旅游网络日志信息进行旅游研究的方法路径；涂红伟等（2018）研究了在线旅游消费者的认知需要对困惑与满意度的调节机制，当在线旅游者认知需要倾向较高时，困惑与满意度呈现出正向的关系，而当在线旅游者认知需要倾向较低时，困惑与满意度呈现出负向的关系等。

2.1.6 在线旅游研究述评

2.1.6.1 总体述评

从信息学视角的总体审视来看，目前国内外在线旅游的研究较为丰富，基本关注到了信息加工、传递、储存、搜索、利用等各个方面，研究内容涉猎较广，基本形成了系统的体系，为从贯穿于在线旅游发展的主线——信息学这一视角开展深入的理论研究奠定了坚实的基础。

在研究内容的构成中，相比较而言信息加工、信息传递、信息储存等视角的在线旅游研究分支较多、成果较丰富；而信息搜索视角的在线旅游研究较为单一；信息利用视角的研究较为零散。

具体来看，各细分视角下的述评如下：

第一，信息加工视角下的在线旅游研究仍处于初级阶段，对于在线旅游供需发展下的各节点信息的开发和加工都有明确的认识和涉及，但目前多是从分析信息加工现实出发，探讨这一过程的重要性、价值及后续影响，而对这一环节或过程的本身缺少深度研究。例如在线旅游供应方进行信息开发加工的影响因素、内容体系、技术手段、发展方向等方面，在线旅游需求方进行信息加工的动力机制、环境营造、行为规范等方面。

第二，信息传递视角下的在线旅游研究目前基本形成了双向传递研究的体系，但更多地偏重于消费者反向信息传递的研究，正向信息传递多集中于在线旅游营销的信息推广这一方向。而且双向传递的研究都主要关注信息传递内容的价值和传递结果的影响，对传递过程的研究缺少关注。例如信息传递阻碍、信息传递失真等方面。

第三，信息储存视角下的在线旅游研究内容目前显得较为单一和偏重，多是针对在线旅游网站或平台的分类、评价等研究，属于在线旅游供应方的信息储存研究，且研究内容的拓展和研究深度的挖掘尚显不足。此外，对于同样属于信息生产加工主体的在线旅游消费者来说，这一方向的信息储存研究尚未有涉及。

第四，信息搜索视角下的在线旅游研究目前集中于在线旅游消费者搜索关键词与旅游者行为相关因素的关联研究，属于对在线旅游消费者为搜索主体的研究，缺少以在线旅游供应方为主体的信息搜索研究。

第五，信息利用视角下的在线旅游研究内容较为零散，较多的关注来源于在线旅游消费者的反馈信息利用，且与信息加工视角下的在线旅游消费者研究内容区分度不高。对于在线旅游供应方传递的信息利用方面研究尚显深度不足。

综上所述，从信息学视角审视在线旅游发展的研究，国内外学者做出了巨大的努力和付出，已经基本构建了较为系统的研究体系，为这一视角下的深入理论研究开拓了广阔的空间领域，亟待更多的学者加强关注并不断丰富完善该研究体系。

2.1.6.2 比较述评

比较来看，国外学者的研究主要集中于欧美旅游发达国家。源于欧美地区经济发展水平和在线旅游发展水平的优势，国外学者的研究相较于国内呈现出研究起步早、研究内容丰富、研究方法先进且多元化等状态。

国内的研究虽然起步较晚，在有些视角下的研究相较于国外呈现不足，但近些年来呈现出了飞速发展的态势，研究成果数量相较于21世纪初的几年达到了十余倍的增长，且在信息储存和信息利用等视角下的研究内容丰富度和理论深度有一定领先的优势。

此外，从在线旅游发展的实际来看，虽然我国目前呈现的在线渗透率低于欧美等旅游发达国家，但我国在线消费群体基数大、在线旅游消费增长速度快、在线旅游市场结构复杂等这些现实都为研究的进一步发展提供了广阔的空间和优势条件，相信今后的国内研究必然会不断更上一层楼。

2.1.6.3 未来研究方向

对于在线旅游研究的审视，以及目前在线旅游发展实际，未来的研究应进一步关注贯穿信息加工、传递、储存、搜索、利用各环节的双向研究，形成完整的双向研究闭环，为旅游目的地的建设和管理提供参考和依据。应更多地关注以下方向：

第一，在信息加工视角，不仅要关注各主体的信息开发和加工实际效果及影响功效，更应致力于研究如何提高供需双方信息加工的效率和关联度，以降低双方信息利用成本，实现共赢。具体如上所述，可以更多开展在线旅游供应方信息加工的影响因素、内容体系、技术手段、发展方向等方面研究，以及在线旅游需求方信息加工的动力机制、环境营造、行为规范等方面研究。促进旅游目的地与旅游消费者之间传递的信息价值提升，从而使旅游目的地供给与市场需求高效对接。

第二，在信息传递视角，一方面应加强在线旅游信息传递过程的研究，如信息传递阻碍、信息传递失真等方面，提升在线旅游发展实际中旅游目的地与旅游者之间的信息传递效率；另一方面应加强旅游目的地公共服务信息传递相关研究。充足的公共服务信息传递既可以弱化在线旅游消费者因信息不对称而产生的消费犹疑，从而推动其进行消费决策；又可以辅助健全消费者利益保障机制，淡化在线旅游消费者和旅游目的地之间的利益矛盾，提升在线旅游消费者的旅游体验和满意度。

第三，在信息储存视角，应加强关注在线旅游消费者视角的信息储存研究，如信息储存意识研究、信息储存技术及设备创新研究，以及为消费者在线建立旅游产品及服务的定制化移动数据库研究等，推动在线旅游消费者从思维记忆中的下意识自动储存转向发展为动态的、多元化的在线旅游信息的移动设备储存等，从而为提升在线旅游消费者未来的消费频率建立基础。同时，旅游目的地作为在线旅游供应方的信息储存视角研究应加强针对性、动态性、关联性和展示性，如时间维度的淡旺季信息储存、信息更新；产品和服务维度的细分市场信息储存、信息更新；各维度数据库之间的交叉关联；以及储存信息在储存媒介上的可视性和便捷性等。

第四，在信息搜索视角，应在信息储存研究方向基础上加强关注在线旅游供应方的针对性消费者信息搜索，推动旅游目的地的市场营销由“喷雾式”向“滴灌式”转变，提升营销效率；同时加强在线旅游消费者的信息搜索行为研究。

第五，在信息利用视角，应加强在线旅游消费者对在线旅游信息的利用行为、习惯、效率等方面的研究，为旅游目的地改善信息生产加工及传递提供理论指导。

此外，在信息加工和传递利用等方面的法律法规建设、社会责任、伦理道德等方面的研究也应该加强，不断完善在线旅游发展研究的整个体系。

2.2　旅游目的地研究进展

旅游目的地是旅游活动的重要载体。国内外学者围绕旅游目的地从不同角度开展了丰富的研究。

国外学者对于旅游目的地的研究起步较早，主要集中在旅游目的地概念、旅游目的地形象、旅游目的地的营销、旅游目的地管理、旅游目的地可持续发展，以及旅游目的地、居民和旅游者之间的关系等方面。

国内学者对于旅游目的地研究主要集中在旅游目的地概念、旅游目的地空间结构、旅游目的地形象、旅游目的地营销、旅游目的地竞争力、旅游目的地地合作、旅游目的地发展演化、旅游目的地管理体制、旅游目的地公共事务、旅游目的地可持续发展等方面。

从国内外研究的对比来看，国外的研究较为微观且深入，更多关注旅游目的地利益相关者之间的关系及互动，这与研究主体及研究对象往往位于旅游发达区域有关，旅游目的地较为成熟的发展现状及研究需求是主要动力。国内的研究较为宏观，更多的针对国内旅游目的地初期建设和管理等研究需求，近年来由于旅游目的地的不断发展成长，微观层面的相关研究正逐渐丰富。较为一致的是，国内外研究者对于旅游目的地的实证研究都很重视，针对典型代表性的旅游目的地都开展了丰富的案例研究。下面选择国内外旅游目的地研究中比较集中的热点领域进行简要梳理介绍。

2.2.1 旅游目的地概念研究

国内外诸多学者对旅游目的地进行了概念界定。国外的界定如 Leiper（1995）认为目的地是人们选择逗留一段时间以体验某些特色或特征而旅行的地方；Coope 等（1998）认为旅游目的地是被设计用来满足旅游者需要的设施和服务的集中；Dimitrios（2000）认为旅游目的地是一个明确的地理区域，具有面向旅游者进行旅游营销和规划及政策法律框架实体。国内的界定，如罗明义（2007）认为旅游目的地是旅游者活动的指向地，可能是一个国家、一个地区，或一个旅游城市等。

2.2.2 旅游目的地竞争力研究

国内外学者对旅游目的地竞争力做了大量研究。

国外研究中代表性的如：DeKeyser 等（1994）提出一种旅游目的地竞争力模型，其研究因素包括旅游政策、宏观经济、供应、运输和需求，并基于该模型对加勒比地区旅游目的地竞争力进行了实证研究；Sirse 等（1999）通过对斯洛文尼亚旅游竞争力的实证研究指出旅游目的地竞争力的提高，可以通过旅游资源之间的匹配和旅游目的地管理者，尤其是政府和旅游业管理人员改进旅游管理策略来实现；Buhalis（2000）提出将通用的与贸易相关因素与旅游目的地具体因素相融合来提高核心资源的吸引力；Mihalic（2000）从环境角度研究并指出目的地环境建设是提高吸引力并增强竞争力的重要因素；Ritchie 等（2000）认为旅游目的地竞争力是一个国家创造附加价值的能力，通过管理旅游资源、旅游吸引力和目的地亲和游客的能力来增长国家的财富；Dwyer 等（2003）指出旅游目的地竞争力的决定性影响因素包括传统文化资源、创造性资源、支撑性因素和资源、目的地管理、生态条件和需求条件等；Goldblatt 等（2006）指出政治、经济、社会、科技等长期宏观战略环境是旅游目的地竞争力发展的隐形因素。

国内代表性的研究如朱颖（2012）以温泉旅游目的地为研究对象分析了目的地竞争力的构成和竞争力提升的方法；黄勤慧等（2013）研究了城市旅游目的地竞争力的内涵、构成及其提升管理方式；朱磊等（2013）提出目的地竞争力的“概念模型”，从限制因素、支持因素和资源、目的地管理及核心资源和吸引物 4 个方面分析了竞争力的构成，并针对皖江城市带旅游目的地竞争力进行了实证研究。

2.2.3　旅游目的地营销研究

旅游目的地营销研究在国外起步较早，在 20 世纪 70 年代已有相关研究，发展至 20 世纪 90 年代日益受到重视，其研究内容主要涉及旅游目的地形象、旅游目的地品牌、旅游目的地营销策略等。代表性的研究，如 Linton 等（1995）指出旅游目的地营销联盟具有系统完整性、降低成本、信息对称、均衡的营销推荐、更好地利用媒体、提高营销准确度、提高操作有效性、服务水准一致、更轻松的工作关系和更高的机构可信度等优势；Ann（1995）从旅游营销组织的角度研究了信息技术在旅游目的地营销中的综合运用，及其对各个利益相关者的影响；Pritchard（2001）指出旅游目的地品牌建设应建设当地特有的历史、政治和文化，不能忽视这些而仅仅依靠营销活动；Robin（2002）对加拿大阿尔伯大省进行实证分析时指出了目的地营销系统的运行机制及作用；Gunn（2002）认为旅游目的地形象可以分为“原生形象”和“引致形象”，其主要区分标准为旅游目的地传播及获得信息的意识性，无意识的传播及获得信息构筑“原生形象”，而有意识的传播及获得信息构成“引致形象”；Fakeye 等（2003）在此基础上增加“复合形象”，提出旅游目的地形象分为三类；MacKay（2006）比较分析了不同年龄段群体对旅游目的地广告的态度，指出旅游目的地的广告形式对广告效果有决定性影响，而广告受众的年龄差异并非广告效果的核心影响因素；Ken（2009）构建了旅游目的地开拓市场的营销结构模型，并提出通过竞赛方式有针对性地扩大市场；Tonderai（2009）等通过对南非等国的实证研究，分析了应用电子商务开展旅游目的地营销的方法和对策。

国内对旅游目的地营销的研究较晚，始于20世纪80年代末，最早研究内容集中于旅游目的地形象，进入21世纪，开始较为宽泛的旅游目的地营销研究，这与我国学术界对于以旅游目的地为视角进行旅游研究的进程以及旅游业整体发展的进程有密切关系。纵观国内旅游目的地营销研究内容，可以看出研究的兴趣点与国内旅游目的地的建设实践基本对应，适时地出现了针对影视旅游营销、节事旅游营销、目的地营销系统、旅游新媒体营销等主题。除了常规和传统的旅游目的地形象、旅游目的地品牌、旅游目的地营销策略等研究领域外，其他也可见一些分散零星的研究成果，如崔凤军（2001）从旅游目的地促销绩效评估角度对目的地营销中的政府行为进行了研究。

2.2.4 旅游目的地综合管理研究

旅游目的地综合管理研究属于宏观层面的指导性对策研究，这在国外的学术研究中较为少见，更多的是国内学者针对一些区域旅游目的地建设的不足而提出的思考。其研究内容较多侧重旅游目的地的管理体制、管理政策、经营模式、环境质量等方面。如安金明（2005）运用产业经济学、管理学等学科理论探讨旅游目的地的创新；钟艳（2006）指出旅游目的地旅游发展应该从旅游产业的概念回归到旅游经济的层面上来，对于目的地旅游吸引物、资源等应进行资产性管理。

2.3　竞争战略研究进展

2.3.1　国外竞争战略的研究

纵观国外竞争战略研究发展，最早管理学家波特在其著作《竞争战略》中明确指出："制定一项竞争战略也就是为某一企业规定广泛适用的程式以指导企业如何投入竞争，应当有些什么样的竞争目标，在贯彻这些目标时需要采取什么方针。"

稍后经济学家霍尔提出了在产业环境下企业的三种基本竞争战略：一是进行低价格竞争，通过获取低成本的竞争优势树立竞争地位；二是通过提供高质量的产品和服务，获取差异化的竞争优势树立竞争地位；三是谋取在价格和质量双方面的优势树立竞争地位。

进而，随着经济全球化的发展，以及学术界对于组织运营外部环境影响的重视，在竞争战略领域逐渐产生了动态竞争理论一说。这种理论观点强调在组织与竞争对手、顾客和竞争环境的互动之中制定竞争战略。组织的竞争战略所带来的效果不仅取决于它最初采取的措施，同时也取决于竞争对手、顾客和竞争环境中其他参与者对该战略的反应。

竞争战略发展至今，竞争战略理论还出现了其他一些观点，如合作竞争战略、基于商业生态系统的竞争战略等。

2.3.2　国内竞争战略的研究

国内竞争战略研究的内容大致沿袭了西方战略管理思想的发展，但更侧重于基于中国经济发展实践而进行理论指导实践的研究。在理论研究上，基本上以跟踪国际前沿并引入国内进行演绎研究为主，而对于基础理论上的创新研究则极为缺乏。

3 核心概念与基础理论

由于旅游学科理论知识体系尚未成熟，旅游研究中诸多概念的提出既有理论分歧的争议，也有随意使用的混乱，在不同研究背景和研究目的等因素影响下，许多相近相似概念或有差异或有重叠，对理论研究的传递及后续深入研究造成许多阻碍。

本章对于在线旅游、旅游电子商务、网络旅游等相近概念进行梳理及辨析，提出在线旅游概念，为整体研究明晰背景；对旅游目的地、旅游景区、旅游吸引物等相关概念进行梳理及辨析，指明本书研究目的及范围；对竞争力、竞争战略等概念及理论进行梳理介绍，为本书研究提供理论基础。

3.1 在线旅游及相关概念

与在线旅游的研究一同进行使用的相近的概念有旅游电子商务、网络旅游、智慧旅游、旅游信息化等，在此对几个概念的定义和内涵进行辨析，区分异同。

3.1.1 旅游电子商务

旅游电子商务的概念源于电子商务，电子商务在旅游业的应用产生了旅游电子商务的提法。追本溯源，首先应明晰电子商务的内涵。

3.1.1.1 电子商务

电子商务在世界各国的定义略有不同，但其核心内涵基本包括两个方面：一是依靠电子设备和网络技术实现，二是关注商务活动。其内容涉及电子货币交换、电子交易市场、网络营销、电子数据交换（EDI）、在线事务处理、自动数据收集系统等。

一般而言，电子商务有广义和狭义之分。

广义的电子商务（electronic business）泛指使用各种电子工具和

网络技术从事的商业事务活动。通过使用电子设备和互联网等工具，使企业自身及与供应商、客户和合作伙伴之间，通过信息共享、业务流程电子化等方式，促进企业及整个产业链的成本降低和效益提升。

狭义的电子商务（electronic commerce）是指利用电子工具和互联网进行的商务贸易活动，是商品和服务的供应商、广告商、消费者、中介商等有关各方行为的总和，通过信息共享、业务流程电子化等方式，促进商品流通、市场交换、资金流动等系列过程的效率提升及成本降低。

虽然在汉语中使用的是“电子商务”这一个词汇，但从英语的使用“E-Business”与“E-Commerce”来看，其广义与狭义之分区别明显。

E-Business 泛指更广泛的商业关系，包括顾客、服务提供者或商家、生产商、原料生产商之间的商务关系，以及商家、生产商、原料生产商与政府部门之间的商务关系等；而 E-Commerce 一般就指顾客与服务提供者或商家之间的商务关系。

联合国欧洲经济委员会简化国际贸易程序工作组给出的电子商务定义：采用电子形式开展商务活动，它包括在供应商、客户、政府及其他参与方之间通过任何电子工具，如 EDI、Web 技术、电子邮件等共享非结构化商务信息，并管理和完成在商务活动、管理活动和消费活动中的各种交易。从此定义来看，定义的使用者是“简化国际贸易程序工作组”，定义核心词汇提及共享“非结构化商务信息”和“交易”，都显现了该定义取向为狭义的电子商务。

综上所述，电子商务就是利用电子工具和网络技术实现商务过程的电子化、数字化、网络化等系统工程，核心主体是商务活动，技术手段是电子工具和网络技术。

广义的电子商务视觉和目标更宽泛，跨越交易范畴，关注整体产业链条的生产、流通、交易、服务等所有商业事务；狭义的电子商务更专注于流通、交易的贸易商务行为和关系。但无论是广义的还是狭义的电子商务，其根本都是通过互联网完成的一种商务活动。

3.1.1.2 旅游电子商务

旅游电子商务同样仍是一个没有一致标准定义的应用性概念。在电子商务应用到旅游业的具体发展过程中，国内外对其进行的界定表述十分丰富。

按照上述对电子商务的分析，旅游电子商务同样存在广义与狭义之分。

从广义上理解，旅游电子商务是在整个旅游经济活动中应用的电子商务，泛指一切与数字化处理有关的旅游商业事务活动。

从狭义上理解，旅游电子商务是旅游产品和服务的供应商、广告商、中介商以及旅游消费者等有关各方行为的总和。

再看世界旅游组织（WTO）的出版物《E-Business for Tourism》给出的旅游电子商务定义表述：旅游电子商务是指通过先进的信息技术手段改进旅游机构内部和对外的连通性，改进旅游企业、上游供应商、旅游者之间的交流与交易，以及改进旅游企业内部业务流程，增进知识共享。由此来看，世界旅游组织的旅游电子商务定义同样是趋向于狭义的解释。

国内一些学者对旅游电子商务给出了不同的定义，从中可以看出基本属于上述广义和狭义的不同理解。

如王欣（2000）认为旅游电子商务是基于旅游信息库和电子化商务银行的发展，通过网络和电子信息技术运作旅游业及其分销系统的商务体系。杨宏伟（2006）认为旅游电子商务包括旅游产品和服务的在线销售，以及为促进旅游市场发展而举办的各种与信息化处理有关的商务活动。这类观点的核心表述在“分销”和“销售”等，属于狭义的观点。

张定芳（2003）认为旅游电子商务是以信息技术为支撑，以动态应用为发展形式的全球化的旅游商务活动。该定义较为模糊，虽然在空间范围上指出了全球化的广泛属性，但其核心内容上并未涉及旅游电子商务的结构范畴，具有一定的广义性。

杜鑫坤（2005）认为旅游电子商务是指旅游业通过网络、数据库等信息手段进行旅游系统中各个部门的运营与管理。这个定义中使用了“旅游业”和“旅游系统”两个范畴，但都是比较目前比较含混的两个概念，在具有一定广义性的同时欠缺准确性。

杨路明、巫宁（2007）认为旅游电子商务是利用通信技术和信息管理系统使旅游市场的一切商务活动电子化，包括采用各种电子手段（包括官网、社交媒体、第三方平台等）发布旅游信息、进行宣传营销、实施旅游售前售后服务；同时提供网络平台方便旅游消费者进行旅游信息查询、旅游产品预订并进行在线支付；还包括旅游供应链企业内部经营管理活动流程的电子化、管理信息系统的构建等。该定义广义性较为明显，指出了一切商务活动的电子化。

综上来看，无论是广义还是狭义的旅游电子商务，目前的共识基本是电子商务在旅游经济活动中的应用延伸，核心仍然是两个方面，一是电子工具和网络技术在旅游经济活动中的应用，二是电子化的旅游商务活动。

3.1.2　网络旅游

网络旅游这个概念的使用分两种情况。

其一是研究内容针对互联网发展下的旅游业态变化的研究，或是针对旅游电子商务的研究而提出使用的一种概念。如李永丽、覃家君（2003）提出的网络旅游建设中存在的问题与对策是研究旅游电子商务或旅游网站建设等方面内容；沈和江（2007）提出的网络旅游是旅游业信息化发展的重要表现形式，是促发旅游者旅游动机的形成并为其活动的实现提供可靠的信息保障；姚唐等（2014）使用网络旅游概念的研究内容是针对旅游网站特性对网络旅游消费者参与心理和最终参与行为的影响作用等。

其二是学者针对网络虚拟环境旅游的发展而提出使用的概念。如 Bruce（2002）提出把网络旅游界定为超越“冲浪”“网上旅行”的“替代现实旅游的电子化旅游体验”。国内学者文秋红（2010）使用这一概念同样具有这层含义，她认为网络旅游是人们通过网络在虚拟性世界里进行旅游，旅游者通过互联网制订旅游计划、订购旅游路线，并在网站指导下周游各地，其研究中也包括了如北京故宫博物院推出的“超越时空”的虚拟旅游项目等，但其论述中还是混合了上一种概念的含义，比如网站旅游信息的传递以及在线旅游消费等论据，存在内涵和外延较为含混的现象。

3.1.3 虚拟旅游

虚拟旅游（virtual tourism）概念的使用从“virtual”（通过计算机软件，在互联网上，模拟的，虚拟的）的词义来看，主要指与计算机和信息技术相关的产物。从国内外学者的研究和概念界定来看，基本也都朝向这个方向。

国外学者从20世纪90年代起关注虚拟旅游的研究，对此概念的使用基本都是对基于计算机和信息技术加工的虚拟旅游环境和旅游行为的研究。大多数学者使用这一概念都认同虚拟旅游具有辅助功效，能增强旅游活动的体验获得。如Williams、Hobson（1995）指出虚拟网络环境对旅游消费者的旅游体验能够产生辅助效果已经成为事实；Leston（1996）指出虚拟旅游可以作为现实旅游的辅助工具，它能为旅游者提供全方位的景区信息，有助于旅游者借助这些信息做出更加全面、合理的出行规划和行程安排；Sussman、Vanhegan（1998）研究指出虚拟旅游虽然不能替代现实旅游，但却在一定程度上具有弥补现实旅游缺陷的功能和潜力；英国学者Sussmann、Vanhegan（2000）同样研究指出虚拟旅游会对旅游消费者和旅游经营者产生极大的影响；Betsy Book（2003）认为虚拟旅游为人们提供了在真实旅游中不能获得的差异性体验。

从以上研究成果和学者观点可以看出，虚拟旅游是指旅游活动过程中的一个产品组成或服务，其具备了辅助或提升消费者旅游体验的功能。

国内学者对虚拟旅游的研究成果也较丰富，并且给出了诸多不同表述的定义。大致来看，可以分为五类。

第一类是将虚拟旅游作为一种技术产品而进行的阐述。

如刘飞（2015）认为虚拟旅游是利用移动互联科技借助智能终端搭建的旅游信息展示平台，继而形成超时空且具有“时间免疫性”的虚拟环境。

这种观点实质上是将虚拟旅游视为一种基于信息技术和设备而形

成的旅游产品或服务。

第二类是将虚拟旅游作为一种消费体验而进行的阐述。

如彭飞（2010）认为虚拟旅游是利用虚拟现实技术以及互联网、多媒体、触摸屏等设备，形成模拟现实或超现实的景观来使消费者获得关于景区视觉、听觉、触觉、嗅觉、味觉等多方面的真实体验。郑鹏等（2010）认为虚拟旅游者通过虚拟旅游环境获得的感官体验是一种真实旅游体验的极端模拟，就像一面魔镜，能使游客感受到未来实地旅游的情景，达到一种镜像体验。张定方、阮舒宁（2011）认为虚拟旅游是利用计算机网络平台，基于现实景观并超越现实景观的虚拟现实技术模拟，营造出虚拟旅游环境，虚拟旅游游客能够使用交互设备驾驭该环境，从而获得身临其境的体验。任媛媛（2012）同样认为虚拟旅游是采取互联网、计算机信息技术并基于现实旅游景观的模拟或者超越现实景观，构筑一个虚拟旅游环境，让虚拟旅游者能够如同身临其境地体验美景。汤洁娟（2016）认为虚拟旅游是以互联网作为载体，通过计算机虚拟现实技术方针复原出三维立体的旅游实景画面，使虚拟旅游者受到强烈的视觉冲击和获得细腻的旅游体验。

这类观点实质上是将虚拟旅游视为一种对基于信息技术和设备而形成的虚拟旅游景观的消费感受及获得。

第三类是将虚拟旅游作为一种活动过程而进行的阐述。

如裘伟廷（1999）认为虚拟旅游是利用虚拟现实技术营造虚拟旅游环境，旅游者运用某种设备进入虚拟环境并驾驭该环境和操作环境中的物体。刘恩波（2006）认为虚拟旅游是在网络平台上，利用虚拟现实技术身临其境地游览世界各地的名胜景点。徐素宁等（2001）认为虚拟旅游是通过互联网等载体动态再现旅游景观，使旅游爱好者能根据自己的意愿选择游览路线、速度及视点，实现足不出户遍览遥在万里之外的风光美景。张威等（2009）认为虚拟旅游是以多种可视化方式形成逼真的虚拟现实景区，使旅游者获得有关旅游景点信息、知识和体验的过程。

这类观点实质上是将虚拟旅游视为一种基于虚拟技术和设备的游览过程。

第四类是将虚拟旅游作为一种消费方式而进行的阐述。

胡芬、张进（2013）认为虚拟旅游是以计算机、互联网多媒体、触摸屏等为载体，以360度全景体验技术、三维动画技术等为支撑，为游客提供一种全新的旅游体验方式。朱万春（2017）认为虚拟旅游是建立在互联网迅速发展以及三维模拟技术快速提高基础上的一种现代生活旅游方式。

这类观点实质上是将虚拟旅游视为一种基于虚拟技术和设备的游览方式。

第五类是将虚拟旅游做广义和狭义二分法进行的阐述。

如于萍（2008）认为广义虚拟旅游是通过互联网和数据传输以非身历其境的方式获取旅游地有关信息的过程；狭义虚拟旅游是通过虚拟现实技术、三维可视化营造、模拟及创造出虚拟旅游场景的多种可视化体验方式。

卢政营（2009）认为广义虚拟旅游是基于互联网或虚拟旅游技术完成的在线信息搜索、功能服务和心理体验等活动过程，并对现实旅游具有较大的促进作用的旅游活动；狭义虚拟旅游是将现实中的旅游场景制作成用于互联网、多媒体、触摸屏等多种载体进行不同角度观赏，获得身临其境般的体验。骆高远、陆江东（2011），王碧含（2012）的观点及表述基本相似，认为广义虚拟旅游是以非身临其境的方式获得旅游景点相关知识和信息的过程；狭义虚拟旅游是以多种可视化方式形成逼真的虚拟现实景区，使游客获得有关旅游景点知识和信息的过程。

这类观点的狭义阐述与上述各类观点相近，意指对虚拟技术形成的旅游场景或景区的体验；而广义阐述则将因旅游产生的各种网络信息活动都归为虚拟旅游，而信息获取行为与“虚拟”一词已经产生错位。

纵观上述国内外对于虚拟旅游的研究和定义，基本可以看出虚拟旅游概念的提出主要是针对虚拟现实技术产生的虚拟景观以及消费者与虚拟景观之间的互动关系的研究而提出的。

值得额外一提的是，Williams、Hobson（1995）研究中指出虚拟旅游最原始的概念性质源于大众接受和认可一些仿造国外知名旅游地建造的主题类公园。这种观点下指的主题类公园，如深圳“锦绣中华”、北京“世界公园”、荷兰的“微型公园”、日本的“俄国域”等微缩景观，以及中国香港依《清明上河图》而建的“宋村”等。

这类仿造景观对应虚拟信息技术下的虚拟景观，二者意义并不相同。虽然仿造景观引发了旅游者对景观原型的虚拟体验，但其事实上作为一种旅游吸引物促成了消费者离开惯常居住地的游览和逗留的实质活动。而虚拟信息技术下产生的景观游览事实上并无真正意义的旅游行为，其实际或者是一次旅游活动的一个消费体验环节，或者是因某种原因而产生的消费者对于旅游活动的选择替代。从此意义上讲，这类主题公园的大众接受和认可并不能称为虚拟旅游。

3.1.4　智慧旅游

有学者称智慧旅游来源于“IBM”公司提出的“智慧地球（smarter planet）”以及“智慧城市（smarter cities）”。不管二者之间是否有发展体系上的渊源，从表述及内涵的范畴来看的确是一种系统的构建。

从国家层面来看，我国对于“智慧旅游”的建设和推进十分关注。2014年，国家旅游局（现为中华人民共和国文化与旅游部）确定了“2014智慧旅游年”的旅游主题；2015年，国家旅游局印发了《关于促进智慧旅游发展的指导意见》。这些措施都明确体现了国家对旅游智慧旅游的发展态度，并且极大地推动了国内智慧旅游的研究和实践工作发展。

从学术界的研究来看，国外虽然有“智慧地球”“智慧城市”的概念提法，也有相应的信息技术应用于旅游业的研究与实践案例，但在研究中却并没有针对性地提出和使用“智慧旅游”这一专业概念术语。

李云鹏（2014）对国外“智慧旅游”的一些描述做了总结分析，如世界旅游组织助理秘书长Lipman在2009年的联合国旅游委员会议上提出把智慧旅游作为旅游服务链的各个环节清洁、绿色、道德和质量的4个层面；英国的“智慧旅游组织”2011年提出在旅游部门使用和应用技术称为“数字”或“智慧”旅游；美国学者Molz在其2012年的著作中指出智慧旅游是使用移动数字连接技术创造更智慧、有意义和可持续的游客与城市之间的关联，智慧旅游代表更广泛的公民深度参与旅游的形式，而不仅是一种消费形式。但上述阐述的发表形式和内容结构并不是严格意义上的概念性学术研究结果，而更多的是对于现象表面的一种描述。

相比较而言，由于我国对智慧旅游发展战略的重视，国内专家学者对智慧旅游的研究关注要多于国外。纵观一些学者的研究综述与讨论，以及笔者的搜索和总结，国内先后对“智慧旅游”做出界定的包括叶铁伟（2011）、刘军林等（2011）、金卫东（2012）、吴涛（2012）、张凌云等（2012）、姚国章（2012）、沈杨等（2013）、任瀚（2013）、付业勤等（2013）、徐波林等（2013）、赵明丽等（2014）、黄思思（2014）、邓辉（2015）、周波等（2016）等诸多学者。

其中有代表性几种观点的概念研究如下：

第一种是进程性观点。如张凌云等（2012）认为智慧旅游是基于新一代信息技术（也称信息通信技术，ICT），为满足游客个性化需求，提供高品质、高满意度服务，而实现旅游资源及社会资源的共享与有效利用的系统化、集约化的管理变革。他强调指出智慧旅游的本质是智能技术应用过程中对于需求方、供给方、旅游业三方面的优化改进工程。具体表述为提升旅游服务、改善旅游体验、创新旅游管理、优化旅游资源利用、增强旅游企业竞争力、提高旅游行业管理水平、扩大行业规模等；而且尤其强调了“智慧旅游是智慧地球及智慧城市的一部分”。

第二种是事物性观点。如李云鹏等（2014）认为智慧旅游是旅游者个体在旅游活动过程中所接受的泛在化（ubiquitous）的旅游信息服务，并强调指出旅游信息服务是智慧旅游的最根本属性；邓辉（2015）认为智慧旅游是一种特殊的创意旅游，是一种以智慧为基础、以创意为主导、以技术为支撑、以智慧创造物为核心吸引物、以体验创意性成果和启发人的智慧创意为主要特征的旅游活动。他强调智慧旅游的创意性活动属性，以及智慧性的创造物是智慧旅游的核心吸引物。

第三种是状态性观点。如周波、周玲强（2016）认为智慧旅游依托物联网、大数据、互联网、移动通信技术等，优化旅游活动、提升游客体验，同时帮助旅游企业和行业管理部门实现旅游管理、旅游服务和旅游营销智慧化。

此外，还有一种研究是对前人概念研究的总结评价，但未给出个人的明确定义。

如黄思思（2014）回顾前人的概念研究提出其研究样本定义存在一些不足，如未明确所应用核心技术类别、未明确服务对象、未明确提供的价值、未明确其性质等，但并未给出自己的概念定义。

对于这些不足评价，笔者持商榷观点，一是概念定义中是否有必要一一包含；二是前述张凌云（2012）的定义从这些要求来看可以满足。

另如吉根宝、王丽娟（2015）研究认为国内外关于智慧旅游的认知具有一定的差异，国内关注将信息化技术的旅游应用等同于智慧旅游；国外更倾向于弱化技术，而突出旅游的持续发展和对旅游者的关怀，进而提出智慧旅游首先应该是一种发展理念上的变革，然后才是技术应用上的配套和推动，同样也没有给出明确的定义。

对于该评价笔者同样持商榷观点，一是国内研究上述的三种观点，无论是进程性观点，还是类型性和状态性观点，都提出了智慧旅游基于信息技术之上的自身属性，未等同于信息技术的旅游应用；二是国外相关实践的研究并不提出使用智慧旅游，不能作为国内外概念研究比较的论据使用。

3.1.5 旅游信息化

旅游信息化是信息化时代发展的必然趋势。我国在《国民经济和社会发展第十个五年计划信息化重点专项规划》中界定了信息化的内涵，指出“信息化是以信息技术广泛应用为主导，信息资源为核心，信息网络为基础，信息产业为支撑，信息人才为依托，法规、政策、标准为保障的综合体系”。

进而“十一五”期间又推出《2006—2020 年国家信息化发展战略》，其中再次明确：信息化是充分利用信息技术，开发利用信息资源，促进信息交流和知识共享，提高经济增长质量，推动经济社会发展转型的历史进程。

从这两个文件中可以看出，信息化的含义包含两个层面：一层是由信息技术、信息资源、信息网络、信息政策、信息人才等共同构成的信息产业发展，另一层是基于信息产业发展而实现提高经济增长质量和经济社会发展转型的目标。这为旅游信息化的发展和实践指明了方向。

从国家层面来看，2017 年 3 月国家旅游局出台了《"十三五"旅游业发展规划》，其中详细分析了我国旅游信息化面临的形势及发展要求，提出了四大目标、十个主攻方向和九大重点工程，在表述发展目标时说：到 2020 年，旅游"云、网、端"基础设施建设逐步完善，信息新技术的行业创新应用不断深化，旅游数字化、网络化、智能化取得明显进展，旅游公共信息服务水平显著提高，旅游在线营销能力全面发展，行业监管能力进一步增强，旅游电子政务支撑行业治理现代化坚实有力，信息化引领旅游业转型升级取得明显成效。

从上述发展目标的表述我们可以看到涵盖了旅游商务、旅游政务、旅游公共服务以及智能化等，可见旅游信息化是一个更具有全面性的概念。

对于旅游信息化的概念研究，一些学者在国家政策和发展实践的基础上做了探讨，代表性的论述总结如下。

张玉改、兰贵秋（2006）认为旅游信息化是指充分利用计算机技术、信息技术、数据库技术和网络技术，整合各类旅游信息资源，使之成为旅游业发展的生产力，成为推动旅游产业发展和管理上水平的重要手段。傅细三（2009）认为旅游信息化是指充分利用信息技术、数据库技术和网络技术，对旅游有关的实体资源、信息资源、生产要素资源进行深层次的分配、组合、加工、传播、销售，以便促进传统旅游业向现代旅游业的转化，加快旅游业的发展速度，提高旅游业的生产效率。

这两个论述基本是延伸信息化的含义，从旅游产业的角度进行具体表述。

除此之外，还有学者从产业融合的角度进行了分析，其对旅游信息化的界定在一定程度上提出了因信息化发展而实现旅游业与其他产业的融合扩展。即黎巎（2012）认为旅游信息化是旅游业以信息技术为核心的科技革命的转型与变革，并进一步指出这种转型和变革以旅游产业融合为主要方式，包括旅游产业的内部融合、旅游产业与信息产业融合以及旅游产业与其他产业融合。

也有学者对旅游信息化的含义给出狭义的范畴，梁尧忠、罗振雄（2012）认为在国际旅游学术期刊上关于“旅游信息化”的研究可分为消费者和需求层面以及供应者和产业层面，并强调指出未来的“旅游信息化”发展将会以消费者为中心，而供应者或旅游机构必须定制敏捷的需求发展应对策略才能确保旅游信息化的发展。

3.1.6　在线旅游

因互联网产生并不断发展，利用网络及信息技术进行旅游信息推广查询、旅游产品销售预订等行为日益增多且普遍，在线旅游开始被人们关注并作为一个研究的热点。

相比较而言，欧美旅游发达国家的在线旅游消费发展早于国内，消费比例也高于国内。对于在线旅游的相关研究较国内丰富且深入。

但从研究内容来看，国外较少将在线旅游作为一个单独对象做概念性的研究，而更多关注旅游业与信息技术及互联网结合的互动发展，如在线消费行为、在线信息利用等。对于在线旅游概念进行界定的成果并不多见，代表性的如 John Hagel（1991）认为在线旅游是旅游企业将自身资源与互联网技术相结合，向外界发送旅游信息，吸引顾客咨询，并在互联网平台进行销售，进而加强旅游企业与顾客之间的联系。

国内学者对于在线旅游进行界定的成果较多，如曹会林（2006）、张文华（2008）认为在线旅游，又称为在线预订旅游，是旅游电子商务体系中的重要组成部分；李雪梅（2007）认为在线旅游指旅游消费者通过在线旅游服务提供商的网站，提交机票和酒店住宿相结合并包含其他附加服务的自由行旅游产品预订订单，提交成功后由消费者通过网上支付或者门店付费等。这类观点从阐述来看主要关注消费行为的在线化。

侯建娜、李仙德（2011）认为在线旅游是在互联网开放的网络环境下，通过把互联网、移动电子商务等高新技术应用于旅游业而实现的一种以互联网为核心，以在线旅游咨询、在线订购与交易、电子导游、旅游定位系统、网上虚拟实景旅游为主要内容的一种全新旅游新兴业态。这种观点将电子导游服务和网上虚拟实景旅游等包含在内，虽然从本质来看这些组成属于旅游产品和服务的新形式和新内容，并不构成一种新的旅游业态，但概念内涵的扩展却更符合实践发展，与旅游电子商务也有了进一步的区分。

闫海艳（2015）认为在线旅游是通过互联网或移动互联网获取旅游信息及预订服务的一种服务方式。这种观点视在线旅游是一种服务方式的变化，是主要从旅游供给角度进行的界定，并且进一步将旅游供给者划分为核心服务商、外围服务商和相关服务商。其中核心服务商指提供在线旅游预订服务的在线直营旅游商、在线代理旅游商以及在线平台类旅游商；外围服务商指提供旅游信息、旅游分享等服务的旅游社区网站、旅游点评网站以及旅游门户网站；相关服务商指提供延伸服务的在线支付企业等。该观点在一定程度上拓展了相关服务在内的范畴，但同时也忽略了旅游者的在线行为和与供给方的互动关系。

总体来看，对于在线旅游的概念基本认识统一在旅游业与互联网和信息技术的结合，分歧在于内涵的范围大小。

3.1.7　概念辨析及本书研究观点

综上所述，虽然这些概念的提出和使用都基于某种工作内容和研究角度，但在旅游业不断发展的推动下基于研究者和研究工作的复杂交叉下，一方面某些概念内涵在不断被扩充并与其他概念产生过多交叉；另一方面研究者在概念使用过程中依据个人观点进行选择，出现不同的替代使用。这两种现象都会使研究工作的深入发展产生一定的阻碍。因此，有必要对这些概念基于提出的目的和宗旨，并结合旅游业的发展实际进行厘定。

3.1.7.1　旅游电子商务与在线旅游的关系

旅游电子商务内涵较为清晰，是旅游商务活动基于互联网和信息技术的电子化。国内目前诸多学者和业界人士讨论在线旅游时，其内容主要针对在线旅游预订及在线代理商、服务商等企业的运营，属于消费者与企业组织行为及之间关系层面的研究，其实质与狭义旅游电子商务的研究范畴较为一致。

3.1.7.2 网络旅游概念的不适性

网络旅游概念的使用，从目前两种情况来看存在一定的不合理性。一是与旅游电子商务含义相近的使用，从研究现状和实践发展来看，并无替代旅游电子商务的合理性，也无区别于旅游电子商务的独特性存在。二是针对网络虚拟环境旅游活动的使用，本质上没有与虚拟旅游存在更多差别。而且目前在研究工作中其使用率和公认度也没有虚拟旅游高。因此，笔者建议如没有其他特殊使用目的可以摒弃这个概念。

3.1.7.3 虚拟旅游应以虚拟景观代替

从以上的分析中可以看出，研究者对于虚拟旅游概念界定的一个基本共识是基于虚拟现实技术，分歧在于对这一概念的本质属性存在五种不同的认识：

（1）产品属性的认识。即有的学者将其视为一种旅游产品，表述中落足到是一种虚拟环境。

（2）体验属性的认识。即有的学者将其视为一种旅游体验，表述中落足到是一种对虚拟景观或环境的体验。

（3）活动属性的认识。即有的学者将其视为一种旅游活动，表述中落足到是对虚拟景观或环境的游览活动。

（4）方式属性的认识。即有的学者将其视为一种旅游方式，表述中落足到是一种依托虚拟技术的旅游方式。

（5）分层级的认识。即还有的学者以广义和狭义来区分，广义上与旅游电子商务和在线旅游两个概念有极大重合度，没有本质区别，而狭义上表述则归属于上述四种情况之一。

回归到根本从旅游的概念来看，旅游是消费者离开惯常居住地到目的地的非获利性逗留，是一个包含“食、住、行、游、购、娱”

等多种要素的系统。以上对于虚拟旅游的观点及表述，结合旅游基本概念分析，笔者认为：

第一，从旅游产品观点来看，虚拟旅游更等同于一种单体旅游产品或服务，其全名应该是旅游景观或服务的虚拟技术产品，是对旅游资源或旅游服务的一种宣传或虚拟体验的服务。因此，笔者认为使用虚拟景观代替虚拟旅游更具有合理性。

第二，从旅游体验、旅游活动和旅游方式的观点来看，虚拟旅游并不具有旅游的真实属性。就好比我们说“石马”并非真正的马，而是马形状的石头，真实属性是石雕。因此，虚拟旅游并非可以作为一种旅游，而是一种虚拟技术和服务，因此不具有旅游活动或方式的属性。这类概念的表述中更多的依然是消费者的一种与虚拟旅游吸引物的互动，是对真实旅游吸引物的一种宣传和推介，笔者认为更大意义上依然是对一种消费者与虚拟景观的关系描述。

因此，对于虚拟旅游这一概念，笔者认为使用虚拟景观更具有合理性，更能准确体现其本质属性。

3.1.7.4 智慧旅游与在线旅游的区别

智慧旅游概念的使用初衷是基于互联网和信息技术要实现的旅游业发展优化，无论是现有界定的进程性、事物性、状态性中的哪一种观点，其核心意义都是旅游活动发展的一种优化目标，最终目的是实现旅游的智慧化。这是其与旅游电子商务和在线旅游的本质区别。

3.1.7.5 旅游信息化的宏观性特征

旅游信息化是从产业的层面要求旅游业加大加深信息技术的应用程度，实现旅游产业的经济效益提升和经济结构优化，相较于旅游电子商务和在线旅游更具有宏观性特征。

3.1.7.6 本书对于在线旅游概念的使用

现有诸多在线旅游概念的主要差异在于内涵范围的大小，较小范围的界定指向在线旅游产品和服务的供给和消费，属于微观层面的旅游供给与需求研究，这与旅游电子商务的内涵并没有太大的区分。

在目前旅游业与互联网和信息技术不断融合发展的态势下，存在越来越多电子商务范畴之外的与旅游相关的在线行为和关系，虽然某种程度上这些行为和关系不能完全脱离与电子商务的联系，但却并不一定都包含在旅游电子商务的研究范围内。因此，我们对于使用在线旅游这一概念，倾向于对此概念采用宽泛的内涵范围，以中观层面介于旅游电子商务和旅游信息化之间的视角来界定，在线旅游应该包含旅游电子商务，同时包含与旅游相关但非电子商务范畴内的一切在线行为和关系。

综上，本书的研究中，将在线旅游作为互联网和信息技术发展下旅游信息电子化产生的行为及关系总和这样一个背景环境，开展旅游目的地竞争战略的研究。

3.2 旅游目的地及相关概念

与旅游目的地具有相似性或具有交叉性的概念有旅游景区和旅游吸引物，旅游景区是否是旅游目的地，旅游吸引物是否是旅游目的地，本节内容对此讨论和明确。

3.2.1 旅游目的地

对于旅游目的地（tourism destination）的概念，国内外学者给出了很多界定。综合分析，基本分为地理学角度的界定和经济学角度的界定两类。

3.2.1.1 地理学角度的界定

该角度下的界定，学者基本一致地认为，旅游目的地是一个特殊的地理区域，该地理区域具备吸引旅游者并提供逗留服务等特征属性。

该类研究国内外较有代表性的有：

（1）Leiper（1995）认为旅游目的地是指通过自身的吸引力吸引旅游者前来旅游，从中获得旅游体验并能够停留一段时间的地理区域。

（2）Pearce（1997）认为旅游目的地是一个由旅游服务设施和基

础设施以及旅游吸引物构成的一定区域内的地域集合体，通过这些设施和服务可以满足消费者多种功能的旅游需求。

（3）Buhalis（2000）指出，旅游目的地是一个特定的地理区域，被旅游者公认为一个完整的个体，有统一的旅游业管理与规划的注册司法框架，也就是说由统一的目的地管理机构进行管理的区域。

（4）1996年保继刚（1996）将旅游目的地定义为：一定空间上的旅游资源与旅游专业设施、旅游基础设施以及相关的其他条件有机地集合起来，成为旅游者停留和活动的目的地。

（5）张辉（2002）认为拥有特定性质旅游资源，具备一定旅游吸引力，能够吸引一定规模、数量的旅游者进行旅游活动的特定区域为旅游目的地。

（6）张立明等（2005）指出旅游目的地是具有完善的协调组织和管理机构，同时具备独特的目的地形象，可以激发潜在旅游者旅游欲望和动机、做出旅游决策并到该目的地实施旅游计划的区域。

（7）董观志等（2008）认为旅游目的地是以一定旅游资源为核心，以综合性的旅游设施为凭借，以可进入性为前提的旅游活动与旅游服务地域综合体，它是旅游者停留并开展旅游活动的核心载体。

3.2.1.2 经济学角度的界定

该角度的界定一般从供给与需求两个层面给出解释：一种是供给层面的服务系统，为旅游者提供产品和服务的系统集合；另一种是需求层面的感知系统，是能够让旅游者实现旅游需求感知的系统集合。

该类研究国内外较有代表性的有：

（1）Gunn（1972）指出旅游目的地一般包括主要的通道和入口、社区、吸引物综合体、连接道路等；

（2）HuandRitchie（1993）认为旅游目的地应能够满足旅游消费者个性的假期欲望，个人的情感、价值观、信仰等都可以通过他对某一目的地的感知能力反映出来；

（3）巫宁（2007）认为旅游目的地属于一个复杂的统一体，它是通过某一地域内的历史、人文、自然、社会、经济的一体化资源，满足给消费者旅游活动中饮食、住宿、购物、娱乐、游玩等需求的一些相互关联的企业或部门集合。

3.2.2　旅游吸引物

旅游吸引物（tourist attraction）是在西方旅游学术研究中经常使用的概念。在我国旅游学术界，一些学者在研究过程中因为研究需要有时认同它可以与旅游资源替代使用，如保继刚等（1999）指出“在大多数情况下，旅游吸引物是旅游资源的代名词，两者通用”。

但也有学者较为严格地认为两者具有本质的区别，如谢彦君（2004）认为“旅游吸引物是一个更为松弛、宽泛的概念，缺乏经济学上的规定性，也较少有语意学上的严格限制，所以，不应该把旅游吸引物毫无区别地与旅游资源加以混合使用”。

3.2.2.1　西方旅游学术界关于旅游吸引物的代表性定义

（1）Alan（1987）指出旅游吸引物在本质上是由所有足以将每个旅游者从家中吸引过来的要素构成的。这些要素通常包括可供观赏的风景，可参与的活动，可追忆的经历。

（2）Neil（1990）认为旅游吸引物是一个综合系统，由三个要素组成，即旅游者或人的要素、核心的或中心的要素、标识或信息的要素，当这三种要素合而为一时，便构成旅游吸引物。

（3）Lawton（2005）指出旅游吸引物是指吸引管理者和旅游者的注意力的，有特殊的人类或自然界特征的知名事件、遗址、区域或相关现象。

3.2.2.2　我国学者对旅游吸引物的界定

（1）保继刚等（1999）指出旅游吸引物指促进人们前往某地旅游的所有因素的总和，它包括了旅游资源、适宜的接待设施和优良的服务，甚至还包括了快速舒适的旅游交通条件。

（2）谢彦君（2004）认为旅游吸引物指任何能够对旅游者的旅游活动产生吸引功能的物象或劳务形式的总和。它包括尚未开发的旅游资源、核心旅游产品、组合旅游产品和处于支持层次的旅游者、旅游标识物及各种支持因素。

(3) 李经龙(2007)指出旅游吸引物是旅游地吸引旅游者的所有因素的总和,包括旅游地的旅游资源、适宜的接待设施和优良的服务等因素,甚至还包括舒适快捷的旅游交通条件,是一个内涵极为广泛的概念。

3.2.2.3 旅游吸引物与旅游资源的关系

我国旅游学术界对旅游吸引物与旅游资源这两个概念的关系进行研究时,常常伴随另一个概念"旅游产品"进行同步研究,因后一概念与本书内容相关度不大,所以本章对三者之间的关系不做详细分析,仅仅在某些理论观点表述中提及"旅游产品"作为参照物表明观点立场。

关于旅游吸引物与旅游资源的关系,张凌云对1999年以前的观点进行了归类:第一类观点认为旅游吸引物等于旅游资源;第二类观点认为旅游资源是旅游吸引物和旅游产品的交集;第三类观点认为旅游资源是旅游吸引物和旅游产品的并集。

而从上述国内外对旅游吸引物的众多定义研究来看,旅游吸引物的概念界定包含了一个共性认识,即旅游吸引物所包括的范围要更加宽泛一些。对此观点目前国内较多学者基本达成共识,认为旅游吸引物是比旅游资源更大的概念范畴,较有代表性的研究阐述有:

(1) 谢彦君(2004)指出旅游吸引物是一个更大的概念,它由作为核心的旅游资源、旅游产品(资源依托型和资源脱离型)、组合旅游产品(对核心旅游产品进行价值追加的产品层次,包括各种媒介体产品,如饭店、旅行社、交通通信等)和处于支持层次的旅游者及旅游标识物构成,是一个大的旅游系统。

(2) 宋子千(2006)指出旅游资源可以理解为"旅游吸引物的来源",即"可以形成旅游吸引物的资源"。

(3) 吴必虎(2010)指出旅游吸引物不仅包括旅游资源,还包括能够吸引旅游者的适宜的接待设施和优良的服务等因素。

3.2.3 旅游景区

旅游景区这一概念由于使用范围和表达方式的不同,国内外旅游学者对它的定义未有一致表述或统一研究，但分析国内外一些有代表性的概念阐述，仍可以发现一些共性认识，可以让我们对它有清晰的认识。

3.2.3.1　国外对旅游景区的定义

常见的旅游景区概念有以下几种：

（1）Walsh（1990）指出旅游景区是有特色活动的地点、场所或集中地，并做到：1）着眼于吸引旅游者和当地居民来访，并为达到此目的而进行经营；2）为顾客提供愉悦体验的机会，以及欢度休闲时光的方式；3）尽力开发，以发挥其潜能；4）按照景区的特点进行管理，让顾客满意；5）提供适宜的设施及服务，以满足和迎合游客的需求、需要和兴趣；6）收取或不收取门票。

（2）John（2006）指出旅游景区是一个独立的单位、一个专门的场所或者是一个界限分明的、小范围的地理区域，具有可达性，能够吸引大批游客在闲暇时光来此做短时间的访问，是能够被划定界限且能够经营的实体；它必须是永久性的游览目的地，它最初修建的目的是使大众获得娱乐、兴趣和教育，而不是作为零售的地点或体育运动、影视观赏、戏剧表演的聚集地；它必须向公众开放，而且无须提前进行预订；同时，它应对不过夜游客和过夜旅游者都具有吸引力。

3.2.3.2　国内对旅游景区的定义

旅游景区指旅游资源特色相似、旅游点线联系紧密、旅游设施相互配套的连片区域；是满足人们观光、休闲、娱乐、科考、探险等多层次精神需求的、自然的、人文的或人造主题性的旅游资源集合的特定小空间尺度区域。(李艳、牛志文，2001)

（1）明庆忠（2003）指出旅游景区系指由多个相对独立的旅游景点组合而成的较大的、相对独立的地域单元。

（2）周彬（2003）指出旅游景区是从事商业性经营的供游客参观、游览和娱乐的接待场所。

（3）马勇等（2008）指出旅游景区指由一系列相对独立的景点组成，从事商业性经营，满足旅游者观光、休闲、娱乐、科考、探险等多层次精神需求，具有明确地域边界，相对独立的小尺度空间旅游地。

(4) 吴必虎等（2009）指出旅游景区是指基于各类自然或历史文化资源发展演化而成的具有一定明确空间范围（边界），并按照一定的法律或制度规定纳入某种系统的资源管理、经营管理与游客管理的地区。

(5) 目前较为科学和规范的是国家质量监督检验检疫总局(2003) 发布的国家标准《旅游景区质量等级的划分与评定》(修订)(GB/T 17775—2003) 中给出定义：旅游景区（tourist attraction）是以旅游及其相关活动为主要功能或主要功能之一的空间或地域。该标准中旅游景区是指具有参观游览、休闲度假、康乐健身等功能，具备相应旅游服务设施并提供相应旅游服务的独立管理区。该管理区应有统一的经营管理机构和明确的地域范围。包括风景区、文博院馆、寺庙观堂、旅游度假区、自然保护区、主题公园、森林公园、地质公园、游乐园、动物园、植物园及工业、农业、经贸、科教、军事、体育、文化艺术等各类旅游景区。

从以上的定义可以看出，旅游景区是指那些已开发的用以吸引游人的事物，具有明确的空间范围且能够经营的实体。

它具有明显的资源集聚性和要素综合性特征，即旅游景区内的结构组成包含一定的旅游资源、资金资源、人力资源等，并且为旅游者提供包括食、住、行、游、购、娱等各项功能服务要素。

3.2.4 概念辨析及本书研究观点

从上述旅游目的地的概念研究看，由于学者们的专业背景不同，对旅游目的地界定时的侧重点也各有不同。

为了更好地理解和明晰旅游目的地的概念，以下简要介绍学术界对于旅游目的地构成的研究。

3.2.4.1 旅游目的地的构成

(1) 旅游目的地的四要素构成。1998 年国外著名学者库珀提出了旅游目的地构成要素的 4A 模型：

1）吸引物（attractions）。旅游目的地的首要构成要素是旅游吸引力，没有让旅游者获得愉悦体验的消费载体，旅游者就不会前往某地，某地也就很难成为旅游目的地；并且具有多重旅游吸引物的旅游目的地才可能保持长久吸引力。

2）接待设施（amenities）。旅游目的地必须具有能够满足旅游者需要的足够的且结构合理的接待设施，如住宿设施、餐饮设施、娱乐设施、零售设施及其他服务设施等，它们有机组合的整体将为旅游者提供需要的旅游体验奠定基础。

3）可进入性（access）。可进入性是一个旅游目的地构成的基本要素。可进入性既包括有形的硬件要素，如各类交通工具、站点等设施，也包括无形的要素，如签证的便利性、航线的多少、航班班次等。

4）辅助性服务（ancillary service）。辅助性构成要素包含政府机构和非政府机构，这些机构的存在和有效运行可以确保旅游活动正常运行，为旅游业发展和旅游者消费活动提供辅助支撑作用。

（2）旅游目的地的三要素构成。2003 年国内学者魏小安和厉新建提出，旅游目的地构成要素包括三个方面：

1）吸引要素，即各类旅游吸引物，以此为基础形成的旅游景区（点）是第一产品。

2）服务要素，即各类旅游服务的综合，旅游地的其他设施及服务将以第二产品的形式影响旅游者的整个旅游经历，并与旅游吸引物共同构成整体吸引力的来源。

3）环境要素，它既是吸引要素同时也是服务要素的组成部分，形成了旅游目的地发展条件，其中的供水、供电、排污、道路等公用设施系统以及银行、医院、治安管理等机构以及当地居民的好客态度等构成“附加产品”，并与旅游吸引物等共同构成旅游目的地整体吸引力。

（3）旅游目的地的利益主体构成。从利益相关者角度看，旅游目的地构成包括以下几方面：

1）旅游者。旅游目的地的旅游消费主体是旅游者，他们会从自己的消费需要考虑对旅游目的地提出各种产品与服务的供给要求，并对各种目的地提供物的质量进行评判和传播，从而对旅游目的地可持续产生影响。

2）当地居民。当地居民生活工作在旅游目的地，是最主要的利益主体之一。外来旅游者的进入，即消费体验当地生活环境和场景，也给当地居民生活带来各种影响。因此，在旅游目的地开发中，当地居民与旅游者利益的博弈会呈现出不同的结果，进而对目的地产生不同的效果。

3）旅游企业。旅游企业通过直接或间接地为旅游者提供产品或服务达到赢利目的，包括旅行社、吸引物管理者、交通企业、酒店、餐饮店、纪念品商店、演艺公司、节事举办机构等各种异质性企业。这些异质性企业合作生产旅游者需要的目的地产品或完整经历，集合成为目的地的“生产系统”或“旅游产业”。

4）政府部门。政府在旅游发展中具有重要作用，尤其在发展中国家更是如此。一方面，政府有能力通过大量的政策工具影响旅游发展，包括空间规划、基础设施建设、资源政策、财政政策、交通政策、就业政策等；另一方面，政府有责任利用一些专项政策工具确保旅游发展的可持续性，包括自然资源与环境保护、文化遗产保护、能源利用效率、废物有效处理等。

5）其他利益集团。主要包括各类利益商业群体、政治团体及商会组织等中介机构。它们代表集团或组织利益发挥着影响力，并通过各种游说活动促进或制约旅游目的地发展。

3.2.4.2 本书研究的旅游目的地观点

结合以上旅游目的地的概念及结构的研究结果，虽然目前国内外的学者并没有达成统一的认识，但在达成一些共识。

一是旅游目的地具有旅游资源，从而具有对旅游者的吸引力，而且必须拥有了一定数量的旅游者实施旅游消费，才能构成目的地这一属性。

二是旅游目的地拥有围绕旅游需求建设的相关设施和辅助条件，可满足旅游者到达并逗留期间的各种需求。

三是旅游目的地是一个特定的区域空间，虽然经济学角度的界定并没有空间范围的表述，但旅游资源的地域属性和围绕旅游资源的设施集合都不言而喻了这是一个区域空间内的集合系统。

但区域空间的范围大小是因旅游需求的差异而不固定的。对于国际游客而言，领略异国风情的旅游需求决定了一个国家的旅游资源及设施可作为一个集合而满足其旅游需求，那么旅游目的地的区域空间就是整个国家；对于国内游客而言，相应的旅游目的地区域空间就有可能是一个省，或一个市，甚至一个景区。

因此，本书将旅游目的地定义为：旅游目的地是旅游者实施旅游活动的承载区域空间，包含空间范围内所有与旅游活动相关的事物。其空间范围因旅游者需求的差异而不同，一般可按地域级别或行政区域进行划分。

3.2.4.3　旅游目的地与旅游吸引物的区别

从上述旅游目的地与旅游吸引物的定义分析，二者内涵具有较大的重合性。二者之间的主要区别是定义视角差异较大。

旅游目的地更大意义上是相对于旅游者而言，是旅游需求的相对面，更属于旅游供给视角研究范畴，并且更多具有地理学意义的概念。

旅游吸引物更大意义上是从旅游者视角出发，以旅游需求为研究范畴，并且更多具有经济学意义的概念。

二者虽然内涵相近，但是是基于不同研究目的和范畴产生的概念，实际研究中也不容易出现混淆和误用的情况。

3.2.4.4　旅游景区是小层级区域空间的旅游目的地

从上述旅游景区的概念分析可以看出，旅游景区从属于旅游目的地，是最小层级的区域空间旅游目的地。

3.3　比较优势

3.3.1　比较优势理论及其发展

比较优势是指一个生产者以低于另一个生产者的机会成本生产一

种物品的行为。

如果一个国家在本国生产一种产品的机会成本（用其他产品来衡量）低于在其他国家生产该产品的机会成本的话，则这个国家在生产该种产品上就拥有比较优势。也可以说，当某一个生产者以比另一个生产者更低的机会成本来生产产品时，这个生产者在这种产品和服务上具有比较优势。

3.3.1.1 绝对优势理论

比较优势理论起源自绝对优势理论，绝对优势理论往往又被称为绝对成本说和地域分工说，其主要代表人物是英国古典经济学派的亚当·斯密。该理论的基本观点认为：

（1）每一个国家都有其最适宜生产的商品，这些商品在生产过程中拥有较高的单位生产率，或者用较少的成本即可获得较高的收益。

（2）对这些最适宜生产的产品进行专业化生产，并用来与其他国家交换不宜生产的产品，则对所有国家均有利。

3.3.1.2 比较成本理论

英国古典经济学家李嘉图在亚当·斯密的绝对优势理论基础上又提出了比较成本理论。该理论思想认为：

（1）每一个国家不一定只生产在成本上、生产效率上占绝对优势的商品，而应该集中资源生产利益相对较大或成本相对较小的商品。例如，A 和 B 两个国家生产 C 和 D 两种商品。A 生产商品 C 所获得的利益比 B 高出 1/4，A 生产商品 D 所获得的利益比 B 高出1/6。如果按照上述绝对优势理论，则应该都由 A 生产商品 C 和 D，而 B 则都不适宜生产。但比较成本理论认为应由 A 生产相对利益更高的 C 商品，而由 B 生产相对利益差距较小的 D 商品。

（2）通过国际贸易，在劳动成本和投入一定的情况下，生产总量将会增加，对各国均有利。

3.3.1.3　要素禀赋理论

要素禀赋理论在一定程度上与比较成本理论有异曲同工之效，它是以要素在各国的分布为基础，分析各个国家和地区的不同资源要素在生产不同商品中的投入率，以此决定各国适宜自己生产的商品，以及适宜国际贸易进口的商品。它与比较成本理论的本质区别在于比较成本理论强调从相对生产率上比较优势产品，即产出的角度；而要素禀赋理论则强调从投入的角度，即产品投资率的角度分析各国的优势商品。该理论的基本观点认为：

（1）各个国家在资源要素的分布上存在差异，有的生产要素分布广泛，有的则相对贫瘠，从而导致资源在价格上也存在差异。

（2）一国应生产那些使用国内丰富生产资源的商品，而应进口那些使用国内贫瘠要素生产的商品。

3.3.2　比较优势理论在旅游目的地竞争中的应用

比较优势理论在旅游竞争力中的一个重要应用是强调旅游目的地的资源禀赋，包括旅游资源和生产资源禀赋。这里的生产资源包括旅游开发及建设所涉及的社会资源、技术资源、人力资源、资金资源等。

基于各个目的地的资源禀赋条件的差异，将比较优势理论用于测度旅游目的地竞争力是可行的。从比较优势理论的角度，各目的地在旅游开发和旅游活动策划过程中，要充分利用其相对于竞争对手具备比较优势的资源，才能有效提升目的地竞争力。

比较优势理论思想强调旅游目的地的要素禀赋差异决定旅游目的地竞争力，例如地理区位、自然资源、文化历史背景、经济实力等，这也是旅游目的地建设发展初期比较看重的一个层面。

不言而喻，拥有独特性的名山大川、历史文化古迹等旅游资源丰富的目的地相对竞争力强；拥有核心地理区位、交通便捷、经济实力雄厚的旅游目的地相对竞争力也强。

但是，在旅游目的地建设发展过程中，对旅游资源的开发管理、对生产资源的有效利用等因素具有越来越重要的作用，这就是竞争优势理论所关注的层面。

3.4 竞争优势

3.4.1 竞争优势理论内容

美国学者波特于1990年提出了国家竞争优势理论。该理论认为一个国家竞争优势的形成在于采用新型创新机制促进优势产业劳动生产率的提高，从而在主导产业上占据优势。

其与比较优势理论的根本不同之处在于，竞争优势强调管理因素在竞争力提升中所起的作用。

波特同时提出了竞争优势的基本模型“钻石模型”，如图3-1所示。

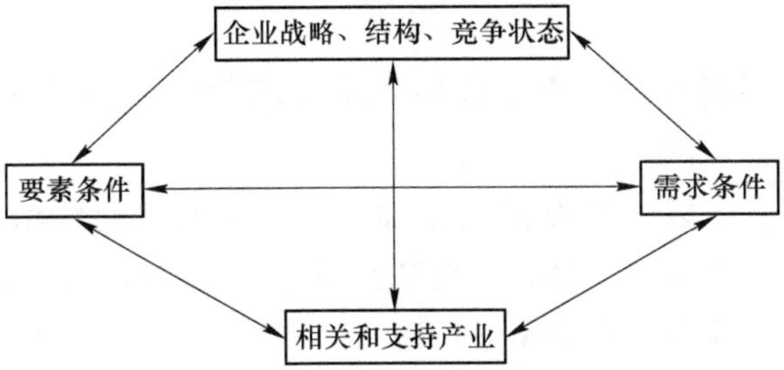

图3-1 竞争优势理论

该模型指出，一个国家的竞争力优势来源于四个基本要素和两个辅助要素。

3.4.1.1 四个基本要素

四个基本要素包括要素条件、相关产业和支持产业、需求条件，以及公司战略、结构和竞争。

（1）要素条件。要素条件与比较优势理论中强调的要素禀赋类似，包括自然资源和生产资源禀赋。要素可分为初级要素和高级要素、一般要素和专门要素。

1）初级要素通常指天然形成，不需要人力物力投资改善的自然要素，如气候、土壤、矿藏等；

2）高级要素通常指通过人为投资、新技术使用和规划改造形成的资源，它是竞争力优势的重要来源；

3）一般要素指适用范围广泛，所含技术成分稍低的人力物力；

4）专门要素是指在技术能力、管理手段方面能从事专门业务的人力资源和特殊基础设施等物力资源。

（2）相关产业和支持产业。一个国家要想拥有长久竞争力优势，必须具备相关产业和支持产业。

1）相关产业是指与国家特定产业在技术，销售渠道或相关服务上能够互通有无、资源共享、合作互助的关联产业；

2）支持产业是指能够为国家某种产业提供有效的低成本投入要素、高新技术及优质人力资源等，对下游产业的发展具有推动促进的作用。

（3）需求条件。需求条件对竞争力的影响是通过买方结构、能力和性质来实现的。

需求提升可以给产业供给施加压力，促使产业供给提高生产效率，提升产品质量，使消费者更快获得优质性、创新性的产品，这样产业就具备了竞争力和竞争地位。

因此，需求条件是竞争力的一个促进因素。买主数量、购买量的增长速度、需求的品质、市场饱和度等因素也影响产业竞争力。

（4）公司战略，结构和竞争。不同国家在目标管理、战略战术及企业的组织运营方式上不同，国家竞争力优势就体现在选择适合本国环境和产业优势提升的战略战术，来提高生产效率。

不同国家企业应根据环境选取适合的企业组成结构和管理体系。

国内同行业竞争或企业内部竞争均是提升竞争力的有效途径，引入竞争机理机制是保持竞争优势最有效的手段。一方面竞争可以迫使本企业内员工通过模仿、合作交流等手段得到技术和生产率上的提高；另一方面可以促使企业走出去，获得更多的生产经验，从而保持竞争力。

3.4.1.2 两个辅助要素

(1) 政府。政府要素主要通过影响四个要素条件来实现对竞争力的影响。

政府通过制定各项政策法规、优化企业环境来干预四项基本要素，影响买方市场，改变企业战略结构，改善投资环境，拉拢更多相关产业和支持产业。

(2) 机会。机会要素包括重大技术变化、创新发明的产生或者金融形势的巨变等突发事件。

机会能够改变事物既有发展方向，形成新的竞争力局面，但是并不能从根本上决定竞争力大小。

3.4.2 竞争优势理论在旅游目的地竞争中的应用

竞争优势理论强调了旅游目的地的开发及管理层面在竞争力中的影响。

一个具有比较优势的资源禀赋条件好的旅游目的地并不一定比资源短缺的目的地竞争力高，如本书第1章提到的2018年陕西省竞争力排名落后于广西壮族自治区，陕西省旅游资源禀赋及经济水平相较广西均具有比较优势，但竞争力排名却落后于广西壮族自治区，这正是竞争优势理论在旅游目的地竞争力管理中的重要体现。

旅游业发展初期，规模性的观光旅游特征呈现出人们往往向往风景优美、民俗奇特的地方作为旅游目的地，这恰恰符合比较优势理论的规律。

然而，随着旅游业的发展、旅游消费的升级和旅游投入的增加，一些原本旅游资源并不突出的旅游目的地吸引了更多的游客，例如深圳。这正是竞争优势理论的体现，该类旅游目的地在既有资源的基础上，充分发挥资金资源、人力资源、规划管理、技术更新等方面的优势，在技术和资金的高效利用下开拓创新更多的人造旅游资源，从而创新开发旅游项目和旅游产品，强化管理规范，保证产品和服务质量，从而大幅度提高了旅游目的地的竞争力。

3.5 竞争力

3.5.1 竞争力概念

竞争力理论可以追溯到古典经济学派以李嘉图为代表的比较优势理论和以马歇尔为代表的聚集优势理论，但当时这些理论框架并未明确提出竞争力这一命题。

直到20世纪80年代，竞争力才真正成为一套完整的理论体系，主要包括产业组织学派的竞争优势理论、企业资源基础论、企业能力论、竞争动力学理论以及国际竞争力理论等。

1985年斯科特等指出，竞争力既是一个相对的，也是一个多维度的概念，因此在对竞争力进行定义和评价时很难得到统一的界定。

虽然目前仍然未有达成一致的定义，但根据现存研究中的多种界定，我们可以总结出“竞争力”所要表达的两层核心含义：

一是竞争力强调的是一种“经济能力”，这种能力包括提升资源收益率、提供高标准化的生活、增加人民的实际收入、创造更多财富以及更强的获利能力等，即“竞争力”更多的是一种经济意义上的概念。

二是竞争力是一个比较的产物，它的落脚点在于不同竞争主体之间的强弱比较，通过市场占有率、盈利率等终极表现形式来反映。

本书中对于竞争力的理解采用斯蒂芬·罗宾斯的《管理学》（11版）中的定义，即能够从事其他组织无法从事的活动或者能够比其他组织更好地从事某些活动。

3.5.2 旅游目的地竞争力概念

截至目前，旅游目的地竞争力同样尚未有统一的概念界定，国内外不同学者给出了许多不同看法。

国外学者的不同看法如下：

（1）Buhalis（1999）从营销的角度指出旅游目的地竞争力是在与其利益相关者的市场竞争中占有主动的能力；

（2）Crouch、Ritchie（1999）指出旅游目的地竞争力既要能满足旅游者的旅游需求，又能提高当地居民的生活质量；

（3）Enright、Newton（2004）认为旅游目的地之所以有竞争力就是能吸引和满足潜在的旅游者，同时这种竞争力是由影响旅游服务提供者的诸因素所决定的。

国内学者也给出了诸多不同见解：

（1）张超（2002）指出旅游目的地竞争力实质上是一种目的地可持续发展的竞争战略。

（2）杨勇（2006）提出了旅游目的地竞争力要重视对“文化”因素的分析，并详述了“文化”因素在旅游目的地竞争力中的地位和作用机制。

（3）阚如良等（2004）认为旅游目的地竞争力就是某一旅游目的地内部诸要素的整合，是使一项或多项业务达到竞争领域一流水平、具有明显竞争优势的能力。

（4）邹家红（2006）认为，旅游目的地竞争力是指由旅游目的地的旅游资源、区位条件、旅游投入与形象、旅游收入、旅游客源市场等旅游业的核心因素相互作用所决定的竞争能力。

（5）伍进（2006）从旅游景区这一层级目的地角度对其下了定义，认为旅游景区核心竞争力的主要特征是独特性、价值性、整合性和动态性，旅游景区核心竞争力的构成要素是资源吸引力、开发能力、市场营销能力、制度管理能力、环境能力。

（6）朱明芳（2007）认为旅游目的地竞争力必须是双维度的，既要有吸引旅游者前来的能力，同时也具有让当地居民安居乐业的能力。

（7）宋章海（2008）认为，旅游目的地竞争力是由主体核心竞争力——旅游目的地自身吸引力、客体核心竞争力——旅游目的地的市场优势能力、媒体核心竞争力——旅游产品的服务要素等三部分组成的，旅游目的地核心竞争力的培育是一项系统工程，是打造旅游目的地能力的重要组成部分，旅游目的地核心竞争力是旅游目的地能力的核心。

纵观目前对旅游目的地竞争力的定义，一些界定当中已经因为旅游目的地这一主体的特征而超出了上述一般竞争力的内涵。

"旅游目的地竞争力"的主体是"旅游目的地"。旅游目的地不同于诸如企业等竞争力主体，其经济目标并非唯一的、根本的目标。

正如马尼拉世界旅游宣言（The Manila Declaration on World Tourism）所指出的，旅游的根本目的是"提高生活质量并为所有的人创造更好的生活条件"，实现旅游目的地居民生活质量的提升才是旅游目的地发展旅游业的根本目标。

所以，旅游目的地竞争力不仅仅是"经济意义"上的概念，它还需要考虑环境的保护、资源的永续使用等方面，从而保障旅游目的地居民及其他利益相关者的长远利益。这也是上述诸多概念界定中所包含的。

而基于一般竞争力概念的另一层"比较意义"的内涵，旅游目的地竞争力同样也应该是一种比较意义的产物。但由于旅游目的地发展目标的非经济唯一性，其比较意义的表现同样也有所不同。

因此，本书将"旅游目的地竞争力"界定为，旅游目的地具有能够持续满足目的地内部旅游业发展的利益相关群体需求的综合能力，其表现形式因不同利益相关群体视角而不同。

3.5.3　旅游目的地竞争力的影响因素

旅游目的地竞争力的形成受诸多因素的影响，识别旅游目的地的竞争力影响因素是提高竞争力水平的前提和基础。就目前的研究成果来看，影响旅游目的地竞争力的因素主要包括以下方面。

3.5.3.1　核心资源的吸引力

核心资源的吸引力是吸引旅游者到访目的地的各种特性的集合，是旅游者到目的地旅游的根本动力，这一因素是形成旅游推力的主要元素，在很大程度上影响着旅游者选择某一目的地的决策结果。这一因素主要包含以下几方面：

（1）目的地的自然特性。目的地的自然特性指目的地的地形地貌、气候、生物群等方面的特征，它是世界众多知名旅游目的地的主要吸引力来源，同时也是目的地的管理组织很难控制的因素。因此，具备良好的自然特性因素的目的地应重视其开发利用的可持续性，而不具备优质自然特性的目的地应侧重于开发创新其他方面的因素。

（2）目的地的文化和历史特性。目的地的文化和历史特性也是旅游资源吸引力的一个方面，由于该方面特性是人类社会发展遗留的产物，因此该方面因素会随着时间的变化而变化。当旅游者在同类目的地中做选择决策时，历史和文化有着很强的吸引力。如果目的地能为旅游者提供与其他旅游目的地或日常生活不同的文化感受，则旅游者就可能做出选择决策。

（3）闲暇活动。闲暇活动也是产生吸引力的重要来源，这些活动在一定程度上受到物理特性以及文化和历史的制约，但是留给管理者创新的空间很大。随着旅游业由观光游览模式向休闲度假模式的升级发展，闲暇活动的吸引力开始日益凸显，往往拥有较为流行、现代、创新性闲暇活动方式的目的地能够吸引大量旅游者到访。

（4）特殊事件。特殊事件是能激发旅游者或居民的兴趣，能使更多人参与的一系列事件，涉及范围从团体节庆活动到大型的国际超大盛事，如奥运会、世界杯和全球性的体育锦标赛等。与闲暇活动不同，特殊事件的吸引力一般具有很强的目标市场指向性，同时对大众旅游市场也具有较强的附加吸引力。特殊事件不仅能为旅游目的地带来直接的经济效益，同时还有一些相关的社会和文化效益。同样，这一因素也给目的地管理组织较大的创造空间。

（5）购物环境。购物是绝大多数现代旅游者在旅游活动中的重要内容，或为自己选择目的地的独特商品，或为馈赠亲友选择特色的纪念品，因此购物环境成为越来越受旅游者关注的吸引因素之一。世界诸多著名旅游目的地都是以购物环境为主要吸引力。

3.5.3.2 基础设施和可进入性

（1）物质性基础设施建设。目的地基础设施的建设水平决定了旅游活动是否能够顺利进行，对于旅游者的满意程度也是非常关键的，其中包括交通服务、水供给、卫生设施、通信系统和公共设施的安全性和实用性。

（2）服务业的发展水平。服务业发展水平相对而言是目的地非物质性基础的主要体现。旅游产业本身属于服务业，旅游活动所涉及的众多行企业也都从属于服务业，目的地的服务业发展水平对提高游客满意度具有极大的促进作用。

（3）目的地的空间可进入性。目的地的空间可进入性是旅游者是否能够顺利到访目的地的前提条件之一，受到很多因素的影响。从目的地的外部来看，更多的受限于经济、社会和政治问题的制约，例如，航空产业规划以及机场运营能力、陆路交通网络规划设计、进关签证和准入等。

（4）目的地的情感可进入性。一般指目的地居民的友好好客程度。旅游者感知的当地居民的好客程度，包括当地居民接待游客的热情，为旅游者提供信息的意愿，对待旅游者和旅游业的态度。居民对旅游业发展的支持有助于增强目的地的竞争力。

3.5.3.3　目的地的管理水平

目的地的管理水平可以在某种程度上提高核心资源的吸引力，并增强支持产业的品质和效率，而对目的地的竞争力有潜在影响的目的地管理活动有目的地的规划和开发、管理机构的组织和协调、监控和评估、信息服务和环境保护。

（1）目的地的规划和开发。规划和开发活动的规则需要界定清楚，还须坚决执行。规划和开发目的地要以可持续发展为首要前提，政府机关、旅游企业、当地社团和其他利益相关者都应致力于实现目的地的可持续发展，规划和开发的目的是将目的地打造成为旅游者在未来希望看到的面貌。

（2）管理机构的组织和协调。如今，目的地的管理机构更侧重于所有资源的组织和协调，其有责任确保目的地所有子系统的正常运转。随着旅游者观念的变化，促销活动不再是管理机构的唯一目标，其职责面临更多的机会和挑战，在目的地竞争力的评价中将会占据更加重要的地位。

（3）监控和评估。对政府的竞争政策或策略进行系统性评估和对目的地的竞争环境进行策略性的监控是地方政府制定旅游政策的必要组成部分。更为全面和精确的评估能为政策的制定提供坚实的基础，其中对市场份额变化的分析是监控和评估功能的核心。

（4）信息服务。目的地管理的信息服务功能为管理者提供理解游客需求和产品开发的信息，也涉及旅游者满意度和企业绩效的相关信息。此外，目的地管理机构有义务及时将重要的市场和绩效信息发布给相应单位，这能确保目的地相关企业的产出和效率。

3.5.3.4 旅游价格因素

旅游价格即旅游者的成本，包括交通费用和目的地的花费。旅游成本的变化和汇率的调整对目的地的国际市场份额会产生重要的经济影响。根据一些学者的研究，从中长期来看，目的地相对成本的增加将带来客源国市场份额的降低。据研究显示，国际旅游者对价格是很敏感的，如果一个国家希望成为成功的旅游目的地，应特别重视旅游业相对于竞争对手的价格竞争力。

3.5.3.5 环境因素

影响旅游目的地竞争力的环境因素可以分为环境特性和环境管理两方面。环境特性又可分为目的地的区位环境、微观环境、宏观环境、安全环境等。

（1）区位环境。区位在某种程度上决定了目的地吸引旅游者的能力，因为其影响了目的地到客源地之间的距离和旅行时间。尽管有很多因素可以解释不同旅游目的地的吸引能力，但是区位的不同是非常关键的因素。目的地无法改变其地理空间分布位置，然而随着时间的推移，目的地与客源市场的相对距离却可能发生改变。例如，由于亚太地区的一些国家经济发展速度超过了全球经济平均增长率，逐渐上升为世界旅游目的地格局的重要构成，与国际主要客源市场的距离逐渐拉近，其旅游竞争力的地位也有了显著提升。

（2）微观环境。目的地的竞争环境对其竞争力形成更为直接的冲击。除了目的地本身，还包括旅游业的参与者（如旅游包装商、供给商、零售旅游代理机构、渠道商和促销者）、旅游市场、相互竞争的目的地以及目的地的利益相关者等（如当地居民、旅游接待业的雇员、媒体、金融机构、投资机构和政府部门）。

（3）宏观环境。为了增强目的地的竞争力，旅游管理组织还必须意识到旅游业会受到全球各种冲击力的影响。这些冲击力包括自然环境的变化、经济结构的转型和人口流动带来的文化多样性变化等。如果目的地意图增加或保持竞争力，就需要适应或克服这些变化。同时，旅游目的地也要清醒地认识到，这些冲击力在影响目的地发展的同时，也为目的地的市场提供了更多的机会。

（4）安全环境。目的地的安全环境是竞争力提升的一个关键性因素。如果旅游者非常担心目的地内部的政治稳定、犯罪、自然灾害和医疗服务等方面的质量，别的竞争要素对于这些旅游者的刺激作用就会相对变小。如果上述安全因素出现危机问题，虽然目的地管理组织能够以危机管理应对并启动恢复措施来弥补，但是这些问题可能会在一定时间内、一定程度上削弱目的地旅游产业的影响力。

（5）环境管理。环境是旅游发展的依托体，环境质量对旅游者选择目的地有重大影响。虽然价格是旅游目的地竞争力的一种重要影响因素，但据研究显示，从长远来看，环境质量较差的旅游目的地通过降低价格来保持其竞争力是很难实现的。因此，旅游目的地必须关注目的地的环境质量管理，并把这种管理纳入重大事务管理体系中。Mihalic（2000）研究指出有效的环境影响管理与环境质量管理有助于旅游目的地竞争力的提升。

3.5.3.6　市场需求因素

需求要素在决定目的地竞争力上起着特别重要的作用。目的地对旅游者是否具有竞争性，取决于旅游者的旅游动机。Dwyer 等（1999）研究证实了旅游动机不同引起旅游者购买方式不同，目的地价格竞争力会因不同的旅游群体发生变化，这又进一步表明了需求条件决定目的地竞争力的重要性。Kozak（2001）在研究旅游者满意度、旅游经历以及重游意愿之间关系的过程中发现，游客的旅游经历与满意度也是影响旅游目的地竞争力的重要因素。

3.5.3.7 技术因素

随着信息时代的来临，知识、技术成为影响旅游目的地竞争力大小的重要因素。Buhalis（2000）认为可以采用新技术和互联网来提高目的地知名度、降低成本以及加强当地的合作，从而提高目的地的竞争力。

3.5.3.8 其他方面的因素

除上述因素外，安玛丽（2000）研究提出有远见的企业家活动、业主的战略决策以及经营策略在目的地竞争力的塑造中起着重要作用。此外，Buhalis（2000）指出，由于利益相关者之间关系的复杂，目的地是最难管理和推销的实体，如果不能确保并维持利益相关者之间的有效平衡，将威胁到战略目标和目的地长期竞争力与繁荣的实现。

3.6 竞争战略

竞争战略是面向企业市场竞争活动的长期性、整体性、基本性问题的研判。竞争战略研究发展至今，主流的竞争战略思想主要有以下几个方面。

3.6.1 基本竞争战略理论

美国学者迈克尔·波特在其著作《竞争战略》中提出三种基本战略，即成本领先战略、差异化与集中化战略。

基本竞争战略理论的核心思想是：企业在市场竞争过程中要么控制成本，在价格方面实现领先优势；要么能够提供与其他竞争手不同的服务与产品，在差异方面树立优势；要么在某一细分市场或者特定地理范围内取得优势。

3.6.1.1 成本领先战略

成本领先战略指企业将其运营成本用各种途径最低化，将企业价值链的每个环节的成本降到最低，使其在价格上领先竞争对手。

将成本领先战略作为主导战略的企业将降低成本作为核心的战略，以低成本来保证产品的价格优势，进一步扩大市场份额保持竞争优势。

但需要注意的是，低成本并不等同于低售价，如果只是僵化的控制成本，打价格战，而忽略了产品质量，这样的话便失去了竞争优势，最终将会被市场淘汰。

3.6.1.2　差异化战略

所谓差异化战略，就是指企业从顾客需求出发，关注顾客广泛重视的一些方面，并在该行业中力求独树一帜，在企业生产经营过程中成本既定的情况下，能提供有特色的优于竞争对手的服务或者产品。

差异化战略的成本较高，但同时其利润率也较高。

实施差异化战略的企业可以将消费者吸引在其有特色的产品周围，以提高顾客的忠诚度，在面对替代品的威胁时可以处于比其他竞争对手更领先的地位。

3.6.1.3　集中化战略

集中化战略指企业把业务目标和方向聚焦在较小顾客群体或者某一细分市场上。

该战略聚焦于特定市场进行生产经营活动，以期待在该市场比其他竞争对手更加有利的服务于市场。

集中化战略同时关注为细分市场顾客提供差异化或者低成本的产品，有助于低成本和差异化战略形成优势，从而在该市场获取绝对竞争优势。

3.6.2　合作竞争战略理论

合作竞争理论源于对竞争对抗性本身固有的缺点的认识，以及企业经营应积极适应当今复杂的经营环境。企业经营活动本身属于一种特殊的博弈，是一种可以实现双赢的非零和博弈。经济发展规律认知下企业的经营活动必须进行竞争，但同时也离不开合作。合作竞争是对网络经济时代企业如何创造价值和获取价值的新思维，它强调合作的重要性，有效克服了传统企业战略过分强调竞争的弊端，为企业战略管理理论研究注入崭新的思想。

该理论的代表人物是耶鲁大学教授拜瑞·内勒巴夫及哈佛大学教授亚当·布兰登勃格，二人在其著作《合作竞争》中指出，企业经营活动是一种特殊的博弈，是一种可以实现双赢的非零和博弈。在现代经济运行环境下，要以博弈思想分析各种商业互动关系、与商业博弈活动所有参与者建立起公平合理的合作竞争关系为重点。

3.6.3 动态竞争战略

现代全球经济一体化发展使企业所面对的竞争挑战比以往任何时候都更加复杂，而且变化也更快。在这样复杂的竞争环境中需要一种动态的竞争战略，一种能对竞争对手的反应、客户需求的变化以及商业世界的变幻莫测做出有效反应和调整的战略。

动态竞争战略是指一家企业的行动会招致对手的回应，而对手的回应又会导致原本引发竞争企业的再度行动，行动和回应塑造了每个企业在经营战略层面的竞争地位。

动态竞争战略分析由于将竞争对手的反应、顾客和其他参与者的反应纳入分析框架之中而变得比较复杂。他们认为，企业在构建战略时应基于四个关键挑战，即理解动态竞争环境中的竞争优势、预测竞争对手的行为、构筑动态的竞争战略、在不同的竞争战略中做出选择。在这样一个分析与决策周期运行时，还要考虑消费者行为及其偏好、消费者反应、外部限制因素等。从而与上述四个关键挑战构成一个复杂的分析框架。

3.6.4 边缘竞争战略理论

1998年布朗与艾森哈特出版了著作《边缘竞争》，在针对计算机行业的发展研究中提出了一个全新的战略管理理论，该理论主要基于环境复杂性理论和进化理论。

该理论思想指出，未来企业经营环境的主要特征是高速变化和不可预测性。因此，竞争战略最重要的任务就是对变革进行管理，这主要包括三个方面的内容：一是对变革做出预测；二是对变革做出反应；三是领导变革，即走在变革的前面，甚至是改变竞争的游戏规则。

该理论认为边缘竞争战略的成功实施需要相应的组织结构的支持，这种组织结构的特点是在固定式结构和松散式结构间寻求最佳的结合方式。

边缘竞争战略理论基本思想是：企业应该不断变革管理来构建和调整企业的竞争优势，根据一系列不相关的竞争力来彻底地改造企业优势，保持企业在无序和有序之间的微妙平衡。边缘竞争战略把“如何制定战略目标”和“如何实现战略目标”的两个方面的内容紧密联系起来。不断地寻找新的战略目标以及实现战略目标的方法，这种战略充分显示出业绩的关键动力就是应变能力。边缘竞争理论认为战略是公司不断调整组织结构形式，与该组织结构相适应采取半固定式的战略趋向的一种必然结果。半固定式的战略趋向是边缘竞争的战略方法与所谓的传统战略方法的最主要的区别。

3.6.5 蓝海战略理论

蓝海战略是“红海战略”的对称，是指打破现有产业的边界，在一片全新的无人竞争的市场中进行开拓的战略。该理论由韩国金伟灿等人于2000年提出。目的是摆脱竞争，通过创造和获得新的需求、实施差异化和低成本，获取更高利润率。因把无人竞争的市场比作没有血腥的蓝海，故称蓝海战略。

价值创新是蓝海战略的基石。价值创新突破了基于竞争的传统教条，不再遵循关注价值和成本的权衡取舍关系，不再强调让企业将创新与效用、价格与成本整合一体分析，不是比照现有产业最佳实践去赶超对手，而是重建市场边界，重新设定游戏规则；不是瞄准现有市场“高端”或“低端”顾客，而是面向潜在需求的买方大众；不是一味细分市场满足顾客偏好，而是合并细分市场整合需求。

4 在线旅游发展下的旅游供需影响变化

4.1 在线旅游发展对旅游需求的影响

4.1.1 旅游需求及其影响因素

4.1.1.1 旅游需求

虽然旅游需求的定义表述很多，但基本有两个统一认识：一是购买意愿，二是购买数量。代表性的定义如下：

（1）罗明义在《旅游经济学》中给出的定义表述更关注旅游者因为旅游欲望而可能购买的旅游产品数量；

（2）谢彦君在《基础旅游学》中对旅游需求表述为潜在旅游者愿意并能购买的数量关系，其关注点是价格与产品的数量“关系”；

（3）保继刚对旅游需求的界定更进一步关注旅游者对某一旅游目的地限定性的旅游产品需求数量，具有更强的可度量性。

无论哪种表述，学者研究过程中对旅游需求的认识基本一致，即潜在的购买意愿和可行的购买数量。

4.1.1.2 旅游需求影响因素

影响旅游需求的因素较为复杂，大致可分为宏观和微观两个层面。

宏观来看，区域经济发展水平、国家政策环境、社会秩序状况、文化习俗、自然地理环境等都会对旅游需求产生不同程度的影响。

微观来看，消费群体特征、旅游目的地特征等是主要的旅游需求影响因素。

（1）区域经济发展水平。一方面，从目的地角度来看，区域经济发展水平直接影响旅游业的整体发展水平，旅游产品的创新水平、旅游接待能力的适应性等都对区域经济发展水平有极大的依赖性，使旅游者对区域旅游选择及旅游购买意愿有整体先见感受。

另一方面，从消费者角度来看，区域经济发展水平影响区域内消费者个人收入水平，发达地区人均收入高于欠发达地区，直接影响个人可支配收入数量，从而影响旅游需求量。

（2）国家政策环境。一方面，国家政策朝向旅游目的地和旅游业发展有利倾斜，将促进区域旅游发展水平提高，间接推动旅游需求增长；反之，将影响旅游需求增长。

另一方面，国家政策内容有利于潜在旅游者实现旅游消费，如带薪假期政策、法定假日相关政策等，将极大推动旅游需求增长，国内“黄金周”现象的出现就是这样的结果；反之，将限制旅游需求增长。

（3）社会秩序状况。社会秩序包括几个层面的含义：

1）一是社会治安，整体社会环境的稳定；

2）二是社会规范，整体社会对于旅游业发展的态度和旅游者的好客度；

3）三是市场秩序，整体市场贸易环境的规范有序等。

这几层含义下的社会秩序都会直接影响消费者马斯洛需求中的基本生理和安全需求：

1）社会动乱、军事战争、疾病传播造成的社会环境不稳定，旅游需求将受到极大阻碍；

2）旅游目的地对游客的敌意和不友好，如近期瑞典对华游客的侮辱和侵害行为将会极大削减旅游需求；

3）市场混乱，各种违规违法经营现象存在，如低价团、黑导游等，都会极大影响旅游需求增长。

反之，社会环境安定、社会规范适宜、市场良好有序，将大力推动旅游需求增长。

（4）文化习俗。文化习俗对旅游需求的影响要从两个方面辩证地审视。

一是文化习俗的区域相似，容易形成较好的接待环境，促进旅游需求增长；但从另一角度来看，文化习俗的区域相似又难以形成较大的旅游吸引力，限制旅游需求增长。

二是文化习俗的区域差异，容易形成较大的旅游吸引力，推动旅游需求增长；但从另一角度来看，文化习俗的区域差异过大又潜藏接待环境的不适应和敌对隐患，如宗教信仰的差异，反而限制旅游需求增长。

(5) 自然地理环境。一方面，在旅游需求不断复杂的发展态势下，不仅优美、奇特的自然地理环境能形成巨大旅游吸引力，推动旅游需求增长，往往一些极端、恶劣的自然地理环境也成为探险旅游者等群体的喜爱对象，形成旅游需求的增长，如沙漠探险、高山探险等。

另一方面，在特定区域或特定时段下的不稳定自然地理环境却是旅游需求的阻碍因素，如热带区域的台风、海啸、板块交界处的地震、火山爆发等。

(6) 消费群体特征。影响旅游需求的消费群体特征包含较多因素，具有直接重要影响的包括消费者收入水平、闲暇时间、社会地位、身体状况、家庭结构等。

1) 消费者收入水平。消费者的收入水平、经济状况是实现旅游活动的主要客观条件，直接衡量指标是消费者的可自由支配收入高低。在消费者满足自身衣、食、住等必需的生活消费开支和必要的社会消费开支之后，其剩余部分的多少直接影响旅游购买意愿的大小和购买数量的多少。

2) 闲暇时间。闲暇时间是决定消费者实现旅游活动的另一主要客观条件，指消费者在工作、学习、生活及其他日常的限制性活动之外，可随意支配的自由时间。

传统意义上而言，国家法定休息政策和企业休息规定是闲暇时间的直接决定因素，但在消费导向变化趋势下，个人的旅游需求意愿越来越具有更大的影响力。

3) 社会地位。消费者所处的社会阶层、社会地位对旅游需求也有较大影响力。

从一般的社会群体特征来看，往往处于较高社会阶层和社会地位的人，性格更加开放和具有心理自信，具有较高的旅游积极态度和意愿。

相反，一般处于较低社会阶层和社会地位的人，从性格和心理上对旅游具有一定程度抵触，旅游需求不强。

但从另一方面来看，社会阶层和社会地位的差异，更大程度上直接对应经济收入和闲暇时间两个主要客观条件的差异，是影响旅游需求的更大因素所在。

4）身体状况。身体健康状况也是影响出游的一个重要因素，重大疾病患者、年老体衰群体都受此因素影响而降低旅游需求。

5）家庭结构。对家庭结构这个影响因素，应该有新的认识。

传统观点家庭成员拖累成为影响旅游需求的一个主要因素，如有四岁以下婴儿和较高年龄老人，将会因为这样家庭成员的特殊照顾原因而降低旅游需求。

但从实际情况来看，更合理的解释应该是家庭结构会影响旅游需求结构，而并非单纯降低旅游需求，相反对某种旅游活动或产品具有需求增长的情况。

例如重视学前教育且认同“行万里路，读万卷书”的家长，可能视婴儿接受程度会频繁安排短距离或较为舒适缓和的旅游线路而出游等。

（7）旅游目的地特征。影响旅游需求的目的地特征包括旅游资源的吸引力、旅游设施的完备程度、旅游交通条件、旅游产品价格、旅游宣传营销等方面。

1）旅游资源吸引力。旅游资源的吸引力是影响旅游需求的核心要素。从旅游资源的研究发展来看，对这一影响因素应该持动态发展的观点，不应局限于现实即存的旅游资源状态，而是从创新开发的视角不断使更多资源要素融入旅游业的发展，成为新兴旅游资源，或是从创新利用的视角不断挖掘或增强现有旅游资源的吸引力，从而推动旅游需求增长。

2）旅游设施完备程度。旅游目的地的接待设施完备性具有两个层面的含义。

一是整体接待设施量的完备，能够适应并满足旅游需求的数量，完成旅游接待，使旅游者具有完整的旅游体验，以此形成目的地良好接待形象，从而促进旅游需求增长。

二是接待设施结构层面质的完备，能够满足不同层次旅游需求并具有特色差异，高质量完成旅游接待，使旅游者具有独特优质的旅游体验。旅游接待设施体验与旅游资源及旅游文化有高度对应性，可以此形成目的地优越接待形象，从而促进旅游需求增长。

3）旅游交通条件。旅游交通交通条件是影响旅游需求的另一目的地因素。

一方面，旅游交通条件的便捷、安全是满足旅游需求形成的基本条件；另一方面，旅游交通的舒适、特色鲜明是推动旅游需求增长的重要条件。

消费者的空间转移是旅游业发展的独特性所在，在空间转移基本完成的同时，消费者主观感受和评价是其他消费活动区别于物流的最大差异，重视旅游交通的高质量发展对于推动目的地旅游需求增长具有至关重要的作用。

4）旅游产品价格。产品价格与需求量具有经济学理论意义的直接对应关系。但需要注意的是，旅游产品更大意义上属于精神消费，在很大程度上包含复杂的主观情感因素。

因此，旅游产品价格一方面要遵守经济学发展规律；另一方面还要充分利用消费者的主观情感因素进行产品内涵的深加工，以实现需求增长与利润提升的双赢。

5）旅游宣传营销。旅游目的地的宣传营销对旅游需求具有复杂影响作用，之所以用复杂形容影响作用，一方面旅游目的地的宣传营销力度大小会对同等条件下旅游需求产生不同影响作用；另一方面宣传营销的真实性和承诺的实现性会对后续旅游需求产生完全不同的效果，宣传营销力度大容易形成短时期的旅游需求增长，而真实性和承诺实现性差反而会导致长时期的旅游需求削减。

4.1.2 在线旅游发展下的旅游需求影响因素变化

本书探讨的在线旅游发展下的旅游需求影响因素变化，并非完全来自在线旅游现象、行为和关系的直接影响，更大意义上是指互联网和信息技术与旅游业融合发展下的影响变化，体现在旅游业实际发展中呈现为在线旅游发展带来的旅游需求影响因素变化。

总体来看，在线旅游发展带来的旅游需求影响因素变化可以分为两类：一类是对原有的旅游需求影响因素的影响力产生了某种方向的推动变化，另一类是增加了新的旅游需求影响因素，或使原本隐性的或影响力较小的因素产生了地位变化，变成了显性影响因素或重要影响因素。下面进行分类具体分析。

4.1.2.1　原有旅游需求影响因素的变化

受互联网和信息技术发展的影响，信息传递的方式和效率产生了巨大的变化，消费者通过各种信息网络传递渠道更容易获取各方面刺激旅游需求产生的丰富信息，在此影响作用下，上述原有旅游需求影响因素依然发挥着固有的影响作用，但其影响力度和影响时效发生了巨大变化。

（1）宏观影响因素的变化。从宏观影响因素来看，潜在旅游者更容易通过网络信息渠道及时全面了解区域经济水平、政策环境、社会秩序、文化习俗、自然地理环境等各方面的内容。

对于区域经济水平应从多方面进行全面判断，对国家政策环境有更详细的了解和自我利用，对于社会秩序、文化习俗、地理环境等各方面的异动能够及时掌握，相比较传统的信息获取方式、内容的局限和时间的延迟，上述都在一定程度上提升了这些因素的影响力度，以及对旅游需求产生的影响时效。

（2）微观影响因素的变化。从微观影响因素来看，互联网与信息技术在旅游业的融合对某些方面的影响导致了影响力的削减，但对另一些方面的影响又引发了影响力的增强。

对于消费者的收入水平来说，互联网金融的发展促使消费者具有了更大的提前消费能力，如信用卡支付、信用卡分期还款、个人旅游信贷等多种措施，使原本不具备可自由支配收入水平进行旅游的消费者可以提前预支，从而产生旅游意愿和具有旅游购买力，一定程度激发了旅游需求增长，并从一定意义上来说削减了消费者收入水平的影响力。但这种削减并非没有边界限制，理性的消费者在进行预支消费的同时也会以自身收入水平作为衡量标准，这种情况下的消费者收入水平影响力削减仅是在某种程度降低可自由支配收入的标准线。

对于闲暇时间来说，信息时代的信息爆炸性传播，一定程度上引发部分消费者价值观念和生活轨道的位移，从而产生了对常规价值观念和生活轨道限制约束的挣脱，不再认可长期工作而短期休闲的枯燥，不再忍受经常压抑而偶尔放松的折磨，转而去接受或享受没有固定工作限制、居无定所、漂流游荡的生活，如各种“世界那么大，我想去看看”的拓展，短期打工积蓄收入然后各处飘荡的生活群体等。这些现象的发展是消费者在信息时代的一种价值观念和生活方式的选择，同时也是个人摆脱限制而主导闲暇时间的体现，在一定范围上削减了闲暇时间对旅游需求的影响力。

对于社会阶层来说同样具有这样的变化影响，信息爆炸传播的影响同样会改变原有较低社会阶层和社会地位群体对于世界和生活方式的原有观念认识，同样会激发他们的旅游意愿，在现实条件下做出更多旅游购买的选择，从而削减社会阶层原本的影响力。

对旅游目的地的旅游资源吸引力和接待设施完备程度而言，在线旅游的发展增强了这两方面因素的影响力，各种信息传递的网络平台更能全面及时展示旅游资源和旅游设施的状况水平，对旅游需求的影响作用随之增强。

对旅游交通条件和旅游产品价格来说，信息传递的效率提升了旅游者对这些因素的对比分析能力，在选择上更有话语权，同样属于影响力增强的范围。

对旅游目的地的宣传营销来说，影响力的增强是最明显的。互联网和信息技术的应用，使旅游宣传营销方式、内容、效率都有质的飞跃，旅游者能通过文字、图片、视频等多种信息方式了解旅游目的地的信息，从而做出消费决策。因此，互联网对旅游目的地宣传营销的影响作用的提升是非常巨大的。

4.1.2.2 新的旅游需求影响因素的变化

在线旅游的发展同样激发了一些新的旅游需求影响因素，正在日益引起旅游供需双方和研究者的重视和关注。

（1）旅游信息传播方式。旅游信息传播方式成为旅游需求的重要影响因素之一。这里包含了信息传播方式的两种含义。

一是在信息时代信息传播可选择的媒体和渠道多种多样，针对不同的消费群体市场选择合适的信息传播方式是非常重要的，如不同职业、不同社会阶层、不同年龄的人会使用不同的社交媒体平台，科学的选择会有效促进旅游需求增长。

二是对于信息双向传播的重视和完善是信息时代消费者需求产生的重要影响因素，重视信息的回馈和再反馈是信息时代消费的主要特征，同时也成为重要的旅游需求影响因素。

（2）网络应用能力。消费者个人特征层面的网络应用能力也是旅游需求影响因素之一。网络渗透率较高的区域往往代表消费者个人网络应用能力普遍较高，在线旅游需求水平自然受其影响随之提高；反之，则不然。

（3）线上营销能力。旅游目的地或旅游供应商的在线宣传营销能力也是旅游需求的重要影响因素。即使具备诸多有利宏观影响因素和微观影响因素，但对于宣传网站或预定平台的设计运营能力较差，同样不一定能有效促进旅游需求的增长。

反之，即使各种既定影响因素较差却可能会因为较好的网站内容设计及销售平台的科学有效，从而使旅游需求大幅增长。

（4）参照群体。参照群体的影响作用日益增大，成为显性的主要影响因素之一。

传统意义上旅游者口碑相传的参照群体影响作用范围有限，时效性差，仅是隐性的旅游需求影响因素之一。

但互联网和信息技术的发展，使旅游者能够更方便、快捷地通过各种旅游网站、交易平台、社交媒体发表自身消费体验和评价，且传播范围不受空间限制，时效性极强，成为潜在旅游者形成旅游需求的重要参照信息，从而对旅游需求的影响力大幅度增强，日益受到各方的密切关注。

4.2 在线旅游发展对旅游供给的影响

在线旅游的发展同样使旅游供给发生了深刻的变化，本节对此进行探讨。

4.2.1 旅游供给及其影响因素

4.2.1.1 旅游供给

供给与需求是经济学中的核心概念。在经济运行的分析中，供给往往指产品的供给，与时间、价格、数量等条件因素相联系。

从旅游经济活动领域的应用而言，旅游供给应该是旅游产品的供给。一般而言其定义表述为一定时期内在一定价格水平向旅游市场提供的旅游产品数量。

虽然旅游供给一般意义上是指旅游产品的供给，但是旅游供给内容结构却并非简单地等同于旅游产品结构。因为旅游业是一个综合性极强的产业，旅游业的运行对资源禀赋、自然环境、经济水平、社会文化、市场环境等都存在强烈的依赖性，旅游产品的供应往往涉及国民经济中诸多产业和部门的参与。

Tapper 等（2004）在定义旅游供应链时就指明旅游业的供给不仅包括提供旅游产品和服务的直接供应商和间接供应商，在绿色旅游供应链上还包括如垃圾循环利用处理部门和环保部门等。国内诸多学者也都曾研究指出旅游供给涉及各种私营企业和公共部门，政府应该承担旅游公共服务的供给等。

4.2.1.2 旅游供给影响因素

旅游供给的影响因素同样复杂多样，大致可以分为宏观因素和微观因素两类。宏观因素如自然环境、政策环境、经济水平、科技水平等，微观因素如旅游资源禀赋、旅游产品价格等。

（1）自然环境承载力。传统观念下旅游业是“无烟产业”，但旅游业的实践发展已经充分说明了其与自然环境存在不能忽视的矛盾冲突。很多旅游目的地的旅游大发展都是以不可恢复的环境污染和生态破坏为代价的。因此，旅游业的可持续发展必须以自然环境承载力的界限为前提，这也必定成为影响旅游供给的前提因素。

（2）政策环境因素。国家的政策有利倾斜必定促进旅游业的快速发展，提升旅游供给水平；反之，将阻碍旅游供给发展。这其中包含两层含义，一是优势政策环境必定推动现有旅游供给主体加快发展，提升旅游供给数量和质量；二是优势政策环境也必定促进更多资源朝向旅游业汇集，丰富并创新旅游供给。反之，则不然。

（3）经济发展水平。旅游经济的发展对区域经济水平有很大的依赖性，旅游供给的发展往往涉及国民经济诸多部门。区域经济发展水平高往往有利于形成规模化和结构合理的旅游供给；反之，在经济水平限制下容易形成旅游供给某些方面的短板，如旅游交通条件差、旅游娱乐设施少等，影响整体旅游供给水平。

（4）科学技术水平。科学技术就是生产力，科学技术水平对旅游供给起着至关重要的作用。

一方面，科学技术在旅游业的应用水平的提升会提高旅游供给质量，增加旅游供给效率，如信息技术提升旅游产品信息传播效率，虚拟技术提供虚拟景观辅助现实旅游体验质量提高等。

另一方面，科学技术在旅游业的应用水平的提升会创新旅游产品，丰富旅游供给，如高科技交通技术的发展催生高铁等新的旅游交通设备应用，太空技术的未来普及有望实现太空旅游的大众化推广等。

（5）旅游资源禀赋。旅游资源是旅游产品的核心和基础，是旅游供给的核心内容和原动力。因此，旅游资源禀赋特征对旅游供给具有直接的复杂影响。

一方面，旅游资源禀赋特征将决定旅游供给的主要内容和方向，如自然资源禀赋优异有利于主要提供观光类、探险类等旅游产品供给；民俗风情资源禀赋佳有利于主要开展猎奇类、体验类等旅游产品供给等。

另一方面，旅游资源禀赋特征将影响旅游供给的季节性特征，如气候气象旅游资源优异容易形成旅游供给的淡旺季特征等。

需要指出的是，对于旅游资源禀赋应持动态发展的观点，在市场需求引导及科学技术水平提升的推动下，应不断寻找改善旅游资源禀赋特征的方法，持续完善和提升旅游供给水平。

（6）旅游产品价格。该因素无须过多阐述，在任一商品市场价格都是影响供给的主要因素，旅游供给也不例外地遵循市场经济规律。在其他因素不变的前提条件下，旅游供给同样遵循因价格上升而供给增加，因价格下降而供给减少的规律。

但同时我们仍应关注旅游业的一些特殊性影响，例如自然环境承载力的约束限制下，即使价格上升，但旅游供给仍然要遵守环境保护前提下的统一调控，“黄金周”期间市场需求暴增下价格竞争仍然难以削减旅游供给总量等。

4.2.2 在线旅游发展下的旅游供给影响因素变化

总体来看，在线旅游发展带来的旅游供给影响因素变化主要是对原有的旅游供给影响因素的影响力产生了推动作用。下面进行具体分析。

对于自然环境承载力来说，在线旅游发展更大地激发了旅游需求增长，进一步引发旅游供给的对应增长，对于自然环境的保护重视随之不断提高，环境承载力的关注及可持续旅游的观念更加深入人心，其对旅游供给的影响力随之加强。

对于政策环境因素来说，在线旅游的发展伴生着诸多旅游供给新内容的产生，如共享经济发展下的共享交通、共享住宿等，这些新供给的发展和规范直接受政府政策引导，合理鼓励并科学规范共享供给的发展，必然促进旅游供给水平提升。反之，如果限制其发展，同样会阻碍旅游供给的创新和变革。可见，政策环境的影响力也在不断加强。

对于经济发展水平来说，在线旅游发展激发旅游需求的个性化和复杂化发展，使旅游业的产业融合不断推进，越来越多的国民经济领域和部门正不断加入旅游供给，使旅游供给对区域经济发展水平的依赖性不断增强，同样体现了其影响力的不断增强。

对于科学技术水平来说，在线旅游发展下越来越多的科技产品应用到旅游供给中，如智能讲解设备、智能穿戴设备、虚拟景观设备等，同样也是影响力提升的体现。

对于旅游资源禀赋来说，旅游与诸多产业的融合发展，开拓了更多资源转化为旅游资源的发展空间，为旅游资源禀赋的改善和提升提供了更大可能性，进而也提升了其影响旅游供给的力度和多样性。

对于旅游产品价格来说，旅游信息传播效率的提升会使旅游供给主体对于整体市场价格的波动更具敏感性，会因整体市场价格波动调整供给策略，同样属于旅游价格因素影响力增强的变化。

5 在线旅游发展下旅游目的地竞争环境分析

竞争环境分析是为战略选择服务的。竞争战略制定的原则简单来说就是要“扬长避短，趋利避害，满足顾客”，因此旅游目的地竞争环境的分析要了解目的地自身所处的外部环境，了解目的地所处的行业竞争环境，并且要了解目的地自身条件，还要了解目标市场。

5.1 外部一般环境分析

外部一般环境也被称为总体环境，旅游目的地建设发展的外部环境大致可以归纳为政治、经济、社会、技术等四个方面。

5.1.1 政治环境

管理学理论认为，竞争环境分析中的政治环境一般包括一个国家的社会制度、执政党的性质、政府的方针政策法令等，不同的国家有不同的性质、不同的社会制度，对组织活动有不同的限制和要求，即使社会制度不变的同一国家在不同时期执政党的不同，其政府的方针特点、政策倾向、对组织活动的态度和影响也是不断变化的。

从我国的旅游发展历程可以看出政治环境的影响：

（1）新中国成立初期，旅游活动仅被视为一种政治外交活动，并未形成经济活动属性；

（2）改革开放初期，政府鼓励发展入境旅游，旅游经济活动正式推向市场；

（3）改革开放不断发展，政府大力支持国内旅游和出境旅游，将入境旅游、国内旅游、出境旅游同步推进，促进了旅游大众化的发展，形成旅游经济浪潮；

（4）目前，国家将旅游业作为国民经济重点支柱产业，大力推进旅游供给侧改革，满足旅游消费升级需求，旅游业正不断跨界融合，朝向新的境界发展。

从我国在线旅游的发展来看，目前旅游目的地建设发展的政治环境好，正如本书前文所述，在以下几个方面为旅游目的地的建设发展提供了良好的政治环境氛围并指明了发展方向。

5.1.1.1　国家高度重视旅游业的发展

目前，我国政府已经明确将旅游业定位为我国国民经济发展的战略性支柱产业。并且，2016 年国务院已经将“全国旅游业发展规划”纳入国家“十三五”重点专项规划行列，充分表明了党和政府对旅游业的重视和支持。

5.1.1.2　大力推进“互联网+旅游”战略

从政府的方针政策来看，国家层面已经提出了“互联网+旅游”发展战略，并且出台了各种国家层面的支持发展措施。如在 2015 年“旅游+互联网”大会上原国家旅游局（现为文化和旅游部）明确表示要大力促进发展旅游新业态，为在线旅游业全面松绑，将旅游业列入国家整体的“互联网+”发展工程之中。

5.1.1.3　大力发展全域旅游

全域旅游是我国政府层面提出的旅游业深化发展的总体战略，各地正在逐步推进全域旅游规划及实施，许多地方已经开始大力推进发展全域旅游，未来的旅游发展将不断深化跨界融合并创新发展，形成养生旅游、健康旅游、医疗旅游、农业旅游、体育旅游、生态旅游、考古旅游、研学旅游等多个新兴业态。

5.1.1.4　旅游发展的国际化特征将不断加强

国家“一带一路”倡议的实施，将不断深化“一带一路”旅游发展的国际合作，各旅游目的地将面临更多参与全球旅游治理体系改革和建设的发展机遇和挑战，并在旅游文化交流和旅游经济合作过程中全面提升旅游目的地的综合竞争力和国际影响力。

5.1.1.5 积极完善融资环境

近年来，我国政府相继出台为在线旅游发展拓展融资渠道的倾向性政策，鼓励金融机构加大对在线旅游发展提供信贷支持。

5.1.1.6 不断健全法制环境保障

目前国家已经颁布了《中华人民共和国旅游法》《旅行社产品第三方网络交易平台经营和服务要求》《旅行社服务网点服务要求》等系列法律法规，为旅游业的发展保驾护航。

针对在线旅游的深入发展，政府已经启动针对在线旅游发展的相关法规和管理办法的制定，积极致力于推动建立在线旅游市场的良好秩序，以及严格规范的市场准入机制，保障在线旅游健康发展。

5.1.2 经济环境

旅游目的地经济环境分析主要包括宏观和微观两个方面。

5.1.2.1 宏观环境分析

宏观经济环境主要指一个国家的人口数量及其增长趋势、国民收入、国民生产总值及其变化情况等能够反映国民经济发展水平和发展速度。

从我国目前宏观经济发展来看：

首先，中国的经济增速连续12个季度保持在6.7%~6.9%的中高速区间，其波动区间仅仅有0.2个百分点，可见我国经济发展处于持续平稳的增长状态中。

其次，中国目前经济总量突破80万亿元，且在此巨大基数基础上持续增长，这足以说明中国整体的经济发展韧性更强，经济高质量发展的底气也更足。这也为我国整体旅游业的发展提供了良好的经济环境基础。

最后，从未来的发展趋势看，良好的经济发展基本面并辅之以有利的经济发展环境，为旅游业的未来发展提供了强有力的保障和支撑。

总体来看，中国经济稳中向好的发展态势没有变，具备保持稳定增长的巨大潜力和坚实基础。中国的未来经济发展环境将能一如既往地为整体旅游业的发展提供强有力的保障和支撑。

5.1.2.2　微观环境分析

微观经济环境主要指旅游目的地所在地区和所服务地区的消费者的收入水平、消费偏好、储蓄情况、就业程度等因素，这些因素直接决定旅游目的地目前及未来的市场大小。

对于旅游目的地来说，不同层级的地域空间范围决定了其进行微观环境分析的范围差异。例如，省级旅游目的地的微观经济环境分析，其内容包括该省域范围内及其主要市场区域范围的消费者的收入水平、消费偏好、就业程度等因素；城市旅游目的地的微观经济环境分析相应选择对应的区域范围进行上述指标分析。

以牡丹江市为例，其微观经济环境分析包括自身城市经济发展各项指标，以及其市场结构中所包括区域的微观经济环境指标分析，这些直接决定了对牡丹江市旅游目的地建设供给和需求两方面的诸多因素。

5.1.3　社会文化环境

社会文化环境包括一个国家和地区的居民教育程度和文化水平、宗教信仰风俗习惯、审美特点、价值观念等。

5.1.3.1　文化水平

文化水平会影响居民的旅游需求层次，例如较低文化水平群体可能追求传统观光旅游产品及服务，较高文化水平群体可能激发更多的深层次文化体验旅游需求，甚至更丰富和更复杂的个性化的新颖旅游需求。

5.1.3.2　宗教信仰和风俗习惯

宗教信仰和风俗习惯会禁止或抵制某些旅游活动的进行。

旅游目的地居民的宗教信仰和风俗习惯会阻碍某些旅游产品和服

务的供给，而旅游客源地居民的宗教信仰和风俗习惯会禁止或抵制某些旅游产品和服务的消费。

中国许多少数民族具有不同的信仰和风俗禁忌，都需要旅游目的地开发和管理者给予关注和考虑。

宗教信仰和风俗习惯对于旅游目的地的竞争发展是一把双刃剑。

科学认识并合理利用可形成旅游目的地独特的吸引力，并形成稳固的客源市场。如中国诸多佛教、道教圣地成为其信徒和受信者的朝拜旅游胜地。

相反，如果在旅游目的地开发及管理过程中忽视了宗教信仰和风俗习惯的禁制，将会带来目的地居民和旅游者的双向抵制。

5.1.3.3 价值观念

价值观念会影响居民对组织目标、组织活动及组织存在本身的认可。

在经济发展全球化的现代社会，信息技术和互联网的发展引发了全球化的信息浪潮。各个地区的各种文化之间不断发生碰撞与交流，各种价值观念也在这个信息浪潮中不断融合和发展。

旅游目的地的建设发展应重视对社会主流价值观念的认识和解析，在开发旅游产品和服务时注重追随正确价值观念引导，而避免被文化传播和交流中的错误价值观念误导，形成对目的地发展的潜在隐患。

5.1.3.4 审美观点

审美观点会影响人们对组织活动内容、活动方式以及活动成果的态度。

审美观点对旅游目的地竞争力的影响主要体现在旅游目的地开发主体的审美价值取向是否能与目标市场保持一致。

5.1.3.5 行为习惯

居民行为习惯的改变将影响对旅游产品和服务的消费行为选择及评价。

在线旅游发展背景下，越来越多的旅游者在进行旅游信息收集、旅游咨询、购买支付及反馈评价时都倾向于使用互联网及移动通信设备，这一行为习惯具有整体信息时代的社会背景特征。

目前我国互联网普及率不断提高，为在线旅游消费提供了充足的社会群体基础。截至 2017 年 12 月底，我国网民的数量规模已经达到 7.72 亿人，互联网普及率持续提升。即使作为互联网发展弱势地区，网民的数量也在不断提升。网民消费使用手机网上支付比例增长至 65.5%，这种社会消费习惯都将为在线旅游发展开拓更大的市场空间。

5.1.4　技术环境

技术环境除了要考察与旅游目的地建设发展直接相关的技术手段的发展变化外，还应及时了解国家对科技开发的投资和支持重点、技术发展动态等。

从我国目前发展实际来看，各种新兴技术的发展正不断促进在线旅游消费及产品和服务质量提升。例如，移动支付、数字地图、智能穿戴、虚拟现实等技术正逐渐在在线旅游市场中应用，代表性的有艺龙率先将 VR 虚拟技术应用在了酒店预订系统中等。这些都是与旅游目的地建设和产品开发直接相关的技术领域。

除此之外，国家科技开发重点和技术发展动态也应该是旅游目的地关注的领域，例如移动通信 5G 技术的推广和商业化进程、卫星通信和定位导航的技术发展等领域，都将在未来对旅游目的地竞争力提升产生重大影响。

5.2　行业环境分析

我国旅游业发展虽然起步较晚，但基于丰富的旅游资源禀赋、社会经济的快速发展、政府的日益重视，在短短 40 年时间里逐渐壮大、日益完善。得益于信息技术和互联网的飞速发展、各种基础设施建设的有力支持，我国现已成为世界旅游大国。虽然与发达国家的旅游业相比还有一定的差距，但在新时期政府引导积极进行供给侧改革促进旅游消费升级的发展态势下，我国必将迈入世界旅游强国行列。

对于旅游目的地的建设发展来说，对于行业环境的分析不同于一般竞争战略的分析。企业组织制定竞争战略对于行业环境的分析往往使用波特提出的“五力模型”（见图5-1），即分析供应商的议价能力、购买者的议价能力、潜在进入者的威胁、替代品的威胁、同业竞争者的竞争程度。

而旅游目的地作为一个汇集了多种经营和非经营组织，以及各种资源的地域综合体，与企业组织具有本质属性的不同。旅游目的地不同于企业组织是一个独立的经济体，不仅旅游目的地内部具有诸多相对独立经济组织，还有诸多非经济性质利益相关者，其面向目的地外部的旅游行业环境所关联的利益体也比企业组织复杂得多。因此，对于旅游目的地的行业环境应从整体性的行业竞争现状方面进行分析。

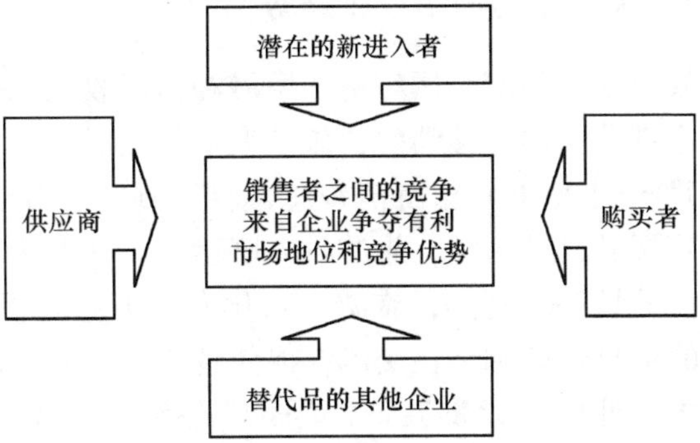

图5-1 波特提出的“五力模型”

5.2.1 旅游业整体环境

近些年来随着消费水平的提高，旅游消费人次直线上升，旅游总花费呈逐年上升趋势（见表5-1）。旅游需求日益扩大并丰富，促使旅游目的地的供给规模和质量都在不断提高，旅游业整体竞争趋势加强。

表5-1 近十年我国旅游业总收入及人均花费

年份	全国旅游总收入/亿元	全国旅游人次/亿	人均消费/元
2008	11600	18.4	630.43
2009	12900	20.26	636.72

续表 5-1

年份	全国旅游总收入/亿元	全国旅游人次/亿	人均消费/元
2010	15700	22.34	702.78
2011	22400	27.75	807.21
2012	25900	30.82	840.36
2013	29500	33.91	869.95
2014	37300	37.39	997.59
2015	41300	41.34	999.03
2016	46900	45.78	1024.46
2017	54000	51.4	1050.58

5.2.2　行业内部市场走向

5.2.2.1　大众市场的小众化趋势

改革开放以来，随着中国经济的发展和国民收入水平的提高，旅游不再是一小部分人的奢侈消费，旅游大众化发展日益加强。曾经相关部门预测我国到2020年旅游消费总额将达到5.5万亿元，但2018年年底这个目标就已被超越，旅游收入已达到5.9万亿元。

仍需关注的核心问题是，旅游大众化发展下旅游消费不断升级，互联网时代的信息传播和文化交流，促使越来越多的个性化旅游需求不断滋生，旅游业的跨界发展日益深化，各种新兴旅游业态不断出现，如探险旅游、养生旅游、纪念旅游等，小众化的细分市场层出不穷，为旅游业竞争环境带来了新的机遇和挑战。

5.2.2.2　消费群体的年龄层级化趋势

从消费规模来看，目前我国“80后”及“90后”已经成为当今旅游消费的主力军。该类群体正处于人生发展和事业巅峰期，具有良好的教育背景，对旅游需求的认知和旅游消费的理解超越其他年龄层级，是旅游目的地应关注的主要群体。

从消费内容看，新兴旅游业态研学旅游成为新的旅游热点，处于学前教育和义务教育期的年龄层级是又一重要市场群体。该类群体具有其家庭的消费能力支持，拥有独特的消费倾向，是旅游目的地应予以关注的又一个竞争走向。

从消费趋势看，我国老龄化特征日益加强，正逐步步入老龄化顶峰。老年人层级的旅游需求日益显现并提升。该类群体经过了人生的历练和财富的积累，对旅游需求的认知和旅游消费的理解有显著的分化特征，是旅游目的地应加强研究的竞争领域。

5.2.3 行业竞争的法律环境

自2009年《中华人民共和国旅游法》出台后，我国旅游业的发展进入一个新的时期。

我国旅游行业起步较晚，观光旅游仍然占据旅游市场的主体地位，市场体系结构比较单一，在同类型供给上竞争力度较大。由于旅游产品同质化高，缺乏有创意的特色旅游产品，旅游业内部的低价竞争、非法竞争等现象频繁出现。

此外，由于旅游行业从业人员素质参差不齐，部分导游服务不规范，在旅游过程中为个人私利而私自推销产品和服务、强制要求游客消费、索要小费等问题时有发生，严重损害游客的利益和旅游目的地形象。

在旅游法实施后，为各类旅游业出现的竞争问题提供了基本的法律依据，各级政府通过制定更加详细的法规和管理办法，使整个旅游行业竞争环境法律约束日益加强。

5.3 竞争环境分析

对于旅游目的地来说，行业竞争环境分析主要指对竞争对手的分析，主要包括三个方面，即竞争对手基本情况研究、主要竞争对手研究，以及主要竞争对手的发展动向研究。

5.3.1 竞争对手基本情况研究

对一个旅游目的地的竞争对手基本情况进行研究需要了解以下内容：

(1) 竞争目的地的数量有多少？

(2) 竞争目的地分布在什么地方？

（3）竞争目的地提供哪些旅游产品和服务？

（4）竞争目的地的规模、资金、技术力量如何？

（5）竞争目的地的哪些方面对自身的威胁特别大？

这些竞争目的地基本情况的研究目的是要找出谁是主要的竞争对手。

为了在众多的同类型旅游目的地中找出主要竞争对手，必须对竞争目的地的竞争实力、积极变化情况进行分析和判断，一般可以关注的反映竞争目的地竞争实力的指标主要有游客接待量、游客增长率、旅游收入、收入增长率等指标。

以下，以对俄入境口岸类旅游目的地绥芬河为例。

首先，需要了解的就是全国对俄罗斯边境口岸共有 22 个，其中 3 个是公铁两用口岸。

其次，这些口岸分别分布在以下地区：黑龙江有 15 个口岸，包括漠河、黑河、孙吴、逊克、嘉荫、萝北、同江、抚远、饶河、虎林、密山、绥芬河（公铁两用）、东宁、富锦；内蒙古有 5 个口岸，包括满洲里（公铁两用）、黑山头、室韦、二卡等；吉林有 2 个口岸，即珲春（公铁两用）。

最后，从这些目的地的旅游产品和服务、规模和实力来看，较有竞争的主要是黑河、满洲里、珲春等，这也就是绥芬河所面对的主要竞争目的地。其他目的地或者规模小、经济实力弱，或者旅游产品及服务匮乏、吸引力不足。

5.3.2　主要竞争对手研究

比较不同目的地的竞争实力，找出了主要竞争对手后，还要研究其所以能对本目的地构成竞争的主要原因是资源禀赋高、资金多、规模大或是其他原因？主要竞争对手研究的目的是找出主要竞争目的地的竞争实力的决定因素，以帮助自身制定相应的竞争策略。

还以绥芬河的主要竞争对手为例进行分析。

5.3.2.1　黑河

黑河是黑龙江省的下辖地级市，与俄罗斯远东第三大城市布拉戈维申斯克（海兰泡）隔江相望，区域总面积为6.83万平方千米，是中俄边境线上唯一一座与俄首府相对应的距离最近、规模最大、规格最高的边境城市，有“中俄之窗”“欧亚之门”等美誉。

对绥芬河构成竞争的因素是目的地规格高、规模大、资源禀赋优、经济实力强，以及伴生的旅游产业发展相对水平较高等方面。

5.3.2.2 满洲里

满洲里是内蒙古自治区计划单列市，是中国最大的陆运口岸城市，也是国务院确定的国家重点开发开放试验区、边境旅游试验区。它是一座拥有百年历史的口岸城市，位于内蒙古呼伦贝尔大草原的腹地的西北部，东依大兴安岭，西邻蒙古国，南濒呼伦湖，区域总面积为736km^2。

其主要带给绥芬河的竞争同样也是规格高、规模大、资源禀赋优、经济实力强，以及伴生的旅游产业发展相对水平较高等方面。

5.3.2.3 珲春

珲春市是中国唯一地处中、朝、俄三国交界的边境城市，具有极佳的地理区位优势，也被称为“东北亚的金三角”。

其主要带给绥芬河的竞争包括规模大、经济实力强，还有具备三国交界的地标性属性优势等。

5.3.3 主要竞争对手的发展动向研究

竞争对手的发展动向研究主要包括市场发展和转移动向、产品发展动向等。针对这些方面要及时并持续收集有关资料，密切注意竞争目的地的发展动向，分析竞争对手可能开辟哪些旅游新产品，哪些新目标市场，哪些新措施使其在竞争中争取主动地位。

同时，我们还要分析竞争对手对各种不同战略可能做出的反应，以及竞争对手对旅游业发展新态势及其更广泛的环境变化可能做出的反应。要对这些问题的深入研究，必须回答以下问题：

（1）将主要选择与哪个目的地展开竞争；

（2）应采取何种行动；

（3）竞争目的地的战略行动有什么；

（4）如何应对竞争目的地的行动；

（5）应该规避哪些市场领域。

对于以上这些问题的研究，可以借鉴波特的“竞争对手分析基本框架”（见图 5-2）进行分析，应该从四个方面对旅游目的地进行详细研究。

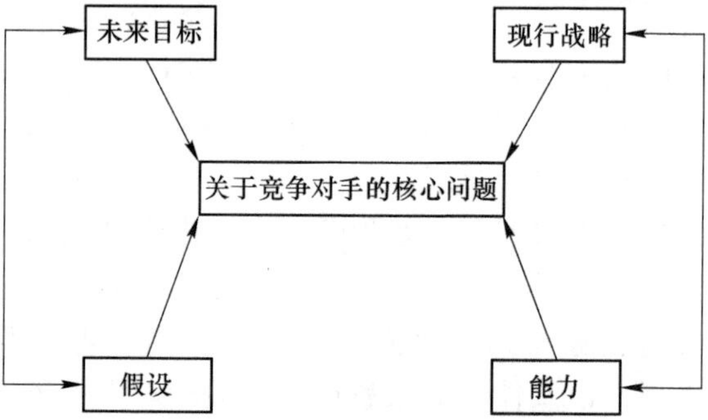

图 5-2　竞争对手分析的基本框架

5.3.3.1　未来目标

未来目标分析主要考察竞争目的地的远景和使命，具体而言可以研究竞争目的地的战略目标和经济目标等方面。

首先，调查了解主要竞争目的地的战略目标，明确其发展远景，供自身竞争战略选择进行比较分析。

例如，满洲里口岸的旅游发展战略目标在《满洲里市国民经济和社会发展“十三五”规划纲要》中明确表述为：建设东北亚著名的国际口岸旅游城市。

其次，对于主要竞争目的地的经济目标也要进行了解，作为自身发展战略的参考。例如，满洲里市在“十三五”规划纲要中提出到 2020 年要实现旅游创汇 2. 82 亿美元，保持年增长率 4%左右。

5.3.3.2　假设

假设研究主要考察竞争目的地以往建设发展的历史，从中透视其目的地建设发展思路，以及旅游产品和服务的供给、旅游市场需求等内容。

例如，满洲里口岸在“十二五”发展期间：

（1）明确提出把旅游业作为第三产业中的重点产业来发展。

（2）为大力发展旅游业，开展国际贸易旅游城建设、设立开发开放实验区，使满洲里市旅游业取得了令人瞩目的成就。

（3）成功举办了中俄蒙国际旅游节、冰雪节、跨境旅游合作发展对话会，北方国际科技博览会，国际机械建材博览会等节庆会展活动，吸引国内外游客，为边城满洲里旅游业聚人气。

（4）旅游业产业格局日益明朗，产业规模不断壮大。

5.3.3.3 现行战略

现行战略研究主要考察竞争目的地现行的战略姿态和行动，了解其战略子系统、规划任务、发展模式、监督保障措施等内容。

例如，满洲里市“十三五”规划中对于旅游业的建设任务计划包括以下几点：

（1）构建无障碍跨境旅游基地：

1）争取沿边旅游开发开放和出入境旅游简化的政策支持，争取游客入境免签政策以及边民通行证政策，推进扩大免税购物试点。

2）积极引进和培育双语导游和熟悉国际规则的旅游专门人才，为游客提供无障碍服务。

（2）打造精品旅游景区景点：

1）坚持旅游资源保护和开发并重，提升景点景区层次，推进一批新景点景区建设，盘活一批老景区，保护性开发一批历史文化项目。

2）重点整合红色国际秘密交通线教育基地暨国门景区、套娃广场景区、中俄互市贸易旅游区三个国家4A级景区和查干湖景区旅游资源，加快推进扎赉诺尔“一带四区”文化旅游景区景点建设，建成国家5A级旅游景区。

（3）创新文化旅游产业产品：

1）加快发展以民族文化、异域风情、草原风光和历史元素为核心的文化旅游产业，文化旅游产品强调注入俄蒙异域文化、红色文化、历史文化和木文化元素，重点推进中俄蒙文化产业园区、俄式建筑群保护开发等工程，打造融文物保护、旅游观光、商贸休闲、文化娱乐于一体的文化旅游综合开发区。

2）积极培育本地演出公司以及各类民营演出机构，鼓励与国内外专业艺术院团合作交流，打造具有满洲里特色、民族风情、艺术水准高的专场剧目。

（4）逐渐向休闲度假游转型：

1）推动旅游产品向观光与休闲、度假并重转变。

2）以承办冬季体育文化赛事为抓手，研究开发滑冰滑雪、雪地摩托、冰捕、室内娱乐等旅游项目，提升旅游体验性、参与性，逐步实现全季旅游。

3）积极争取举办滑雪、冰球、公路自行车赛等国际体育赛事。

4）积极发展自驾车草原观光游、特色房车游，完善相关配套服务。

5）鼓励举办大型旅游文化演出和节庆活动。积极开发俄蒙医药资源，发展中蒙医、中俄医学康复等康体保健旅游服务。

（5）打造跨区域精品旅游线路：

1）积极开发旅游新线路，实现国内与国际旅游线路的无缝对接。

2）开展包机旅游业务，全面提升观光旅游、贸易旅游和跨境旅游中转功能，重点开辟满洲里至俄罗斯、蒙古、韩国、日本及东南亚地区的跨国旅游线路和满洲里至国内知名旅游目的地的旅游线路，形成北联俄蒙、中通内地、东至日韩的陆海国际旅游新格局。

（6）加快与国际服务标准接轨：

1）在旅游餐饮、住宿、交通、景区、旅行社、导游、购物及应急管理等方面，加快建立与国际通行规则相衔接的旅游服务标准体系，进一步完善旅游基础设施和服务设施建设，积极培植高水平“商圈文化”和“窗口文化”。

2）加强旅游行业诚信体系建设，开展“诚信旅游”，规范旅游市场秩序。

3）建立健全旅游安全预警和应急机制，完善应急救援、公共医疗、卫生检疫防疫等安全救助体系。

（7）大力推进旅游信息服务建设：

1）着力提升旅游产品推介营销水平，建设智慧旅游公共信息服务平台、旅游线上消费（购物、预订、租赁等）平台和旅游热线，加快推进免费 WiFi、智能导游、电子讲解、在线预订、信息推送等功能在景区景点全覆盖。

2）完善智慧旅游公共服务体系和应急管理体系。

（8）加大旅游宣传推介力度：

1）针对不同国别、不同地域、不同消费层级市场进行差别化宣传促销。

2）建立跨境营销网络，积极参加全球性旅游交易展会，提高满洲里国际知名度。

3）加大对国内游客宣传满洲里具备边境旅游异地办照、ATA 单证册和机场落地签等特殊通关政策。

4）强化网络营销，加强旅游信息外网维护和官方微博宣传。

5）注重联合营销，积极融入自治区、呼伦贝尔和哈尔滨冬季旅游圈的整体包装推介。

5.3.3.4 能力

能力研究主要考察竞争目的地的强弱之所在，并与目的地自身和其他旅游目的地进行比较，从而判断对手及自身的实力与不足。

例如，满洲里口岸相对于绥芬河口岸的能力对比分析：

（1）总体经济能力。2018 年满洲里市地区生产总值实现 173.5 亿元。

（2）旅游经济能力。

1）2018 年全年边境旅游人数 82.3 万人。

2）国内旅游人数 672 万人次，增长 13.3%。

3）旅游总收入 144.4 亿元，增长 11.1%。

4）旅游创汇 4.2 亿美元，增长 5.8%。

（3）旅游产品能力：

1）拥有5A级景区——中俄边境旅游区。

2）拥有高星级酒店——满洲里香格里拉大酒店（五星级）。

（4）市场监管能力：

1）实施餐饮服务食品安全监督量化分级管理，全市餐饮服务单位937家中，已经量化分级887家，量化分级率94.7%。

2）对重大活动接待酒店开展执法监督检查，保障定点接待酒店及时排查和消除食品安全风险和隐患。

3）强化旅游市场监管。检查重点景区，检查涉外商品交易场所，检查各类旅游市场经营主体。加强消费者咨询、投诉、举报等受理工作，咨询和举报类办结率为100%，投诉类办结率为98.7%。

5.4 旅游目的地自身分析

旅游目的地自身的分析应与竞争对手相对应进行研究，研究的目的是认清目的地自身的实力与不足。

从波特的竞争思想来看，企业的自身分析不能将企业作为一个整体来看，这样无法清晰认识竞争优势，因为竞争优势来源于企业在设计生产、营销、交货等过程及辅助过程中进行的许多相互分离的活动。因此，关于企业自身和竞争对手的比较分析往往将企业进行设计生产、营销、交货以及对产品起辅助作用的各种价值活动等分为基本活动和辅助活动，从而进行分别的对比分析。

借鉴这一做法，我们对旅游目的地的自身分析也可以采用这种方式。可以将旅游目的地的自身分析概括为两个方面：一是核心要素和吸引力，二是辅助要素及服务。

5.4.1 核心要素及吸引力

核心要素及吸引力是影响旅游目的地竞争力的主要因素，这也是人们到旅游目的地游览的关键驱动力。

核心要素及吸引力可以分为七类，包括自然资源和环境、历史和文化、市场联系、旅游目的地的社会活动、独特的事件活动、娱乐活动，以及旅游服务设施等。

5.4.1.1 自然资源和环境

旅游体验与旅游目的地的自然资源和环境紧密相连，它甚至能决定其他要素的竞争力高低。

因为旅游目的地的自然资源和环境决定了旅游目的地的整体环境特色，这在很大程度上造就了旅游目的地的美学和视觉吸引力，并且这种吸引力不受人为因素的控制。所以旅游目的地的其他环境要素建设都将受到自然资源和环境的限制。

5.4.1.2 旅游目的地的历史和文化

旅游目的地的历史和文化地位同样也很重要。虽然诸多学者认为从管理学的角度来看，旅游目的地的历史和文化相比于自然资源和环境更具有可塑性，但是目的地的历史和文化并不是旅游目的地建设和管理能控制的。

旅游目的地的发展应该尽量减少改变或不要试图改变当地的历史和文化。在目前旅游业与文化深度融合发展的趋势下，旅游目的地的历史和文化是吸引旅游者的主要吸引力。如果一个目的地因其历史和文化提供了一个独特的旅游体验环境，该目的地就会形成自己的鲜明特色和强有力的竞争优势。

相反，一个旅游目的地忽视自身历史和文化，盲目追随主流文化或流行文化，最终的结果很可能是该目的地与其他目的地产生同质化效应，从而失去竞争力。

5.4.1.3 旅游目的地的市场联系

旅游目的地的市场联系也是目的地吸引力的重要要素之一。虽然旅游目的地管理者无法直接影响该因素，但是可以间接施加影响使该因素随着时间的演变而变化，并且日益增强旅游目的地管理者的影响力而发生不同程度的改变。

市场联系是旅游目的地与旅游客源地之间建立和保持的一种关系。这种关系可以是两者内部群体或组织间的各种联系纽带，如亲情关系、民族纽带关系、宗教信仰关系、商贸往来联系、文化活动联系、体育运动联系等。

5.4.1.4 旅游目的地的社会活动

旅游目的地的社会活动的类型和数量是影响目的地吸引力的重要方面之一。旅游目的地的管理者应该加强对此要素的影响。

对于这个要素的影响和控制，应该依据旅游目的地自身所具有的独特的自然因素及历史和文化因素来进行。

具有优势的自然基础性要素的目的地应该更多地开展能发挥自然优势的各类活动。

具备独特的历史和文化要素的目的地则应该清晰认识和识别自身的历史和文化特征及属性，并开展相应具有吸引力的各类活动。

5.4.1.5 独特的事件活动

独特的事件活动是目的地各类社会活动的另一种形式，在很大程度上这类要素可以受到目的地管理者的操控。因此在旅游目的地管理工作中应该给予特殊关注。

独特的事件活动是指发生在较大范围内的、游客和目的地居民都有兴趣并乐于参与的事件活动。这类事件活动的规模和范围可大可小，可以是一般社区的节日活动，也可以是大规模的节庆活动，甚至可以是国际大型的赛事活动，如奥林匹克运动会、世界博览会、世界锦标赛等。

5.4.1.6 娱乐活动

娱乐活动是又一种旅游目的地的核心要素及吸引力。独特的娱乐活动可以使全国乃至世界各地的游客趋之若骛。

例如，许多去纽约和伦敦的游客都会把欣赏现场表演纳入他们的旅程，许多去云南和福建的游客都会把欣赏张艺谋导演的“印象系列表演”纳入旅程之中。

因此旅游目的地的剧院、音乐会、歌剧、马戏团等娱乐部门，都是增强旅游目的地竞争力的重要因素。

5.4.1.7 旅游服务设施

旅游服务设施是旅游目的地核心要素和吸引力的又一个关键，同样这一要素也可以受到旅游目的地管理者的影响和控制。

这类要素主要由住宿设施、饮食设施、购物设施等构成。

5.4.2 辅助要素及服务

核心要素和吸引力是旅游目的地竞争力的主要动力来源，而辅助要素和服务是指那些可以协助和能够促进旅游目的地建设和发展的要素。

如果旅游目的地拥有了丰富的核心要素和吸引力，但是却缺乏必要的辅助要素和服务，这至少会导致旅游目的地在短期内很难实现快速发展。除非这些辅助要素和服务受到足够的关注，该旅游目的地的竞争力才能得到快速提升。

5.4.2.1 旅游目的地的基础设施

旅游目的地的基础设施的整体状况是最重要的辅助要素。这些基础设施要素的状况对旅游目的地的竞争力有非常直接的影响。

例如，基础的交通设施建设和服务质量会给旅游者带来旅游体验的巨大差异。如果旅游目的地具有航空、高速公路、高速铁路等现代化交通设施，则可因优越的可达性而广受旅游者欢迎，从而提高竞争力。

或者，旅游目的地内部的交通系统拥有安全、特色鲜明，以及具有一定的审美价值和独特性，旅游者对该旅游目的地的体验效果就会超越竞争者，从而树立竞争优势。

此外，其他基础设施要素，如卫生系统、公共服务设施、法律系统、通信系统、饮水供应、垃圾处理系统等，都对旅游目的地的竞争力提升具有重要的作用。

5.4.2.2 旅游目的地的其他条件

旅游目的地的其他条件的开发状况也是提升旅游目的地竞争力的

重要基础，例如目的地居民的文化素质、目的地的资本情况、教育及科研机构、各类公共服务设施等。

5.4.2.3 旅游目的地内企业及企业家特征

企业的活力、企业家的能力及开创精神等，也是影响旅游目的地竞争力的重要辅助要素。

诚如管理学家波特指出的，创新和企业家能力是国家竞争优势的关键。因此，旅游目的地的企业的创新能力、企业家的创新能力也是旅游目的地竞争力提升的辅助要素。

5.4.2.4 旅游目的地的可进入性

旅游目的地的可进入性是另一个辅助性要素。该要素的现状会受到各种各样因素的影响。如受制于经济、社会和政治的影响。例如，政府的航空管制、国家的入境许可、目的地之间的航线连接、机场的布局、交通设施的容量、交通运行频率的设计等。

如果潜在的旅游者、旅游经营者，以及其他旅游业辅助资源无法顺利到达旅游目的地，那么旅游目的地也就毫无竞争力可言。

5.4.2.5 目的地政府意愿

还有一个可以增强或削弱旅游目的地竞争力的辅助要素是目的地政府的政治意愿。

一般情况下，如果政府管理部门支持旅游目的地的发展，将有助于提升旅游目的地竞争力；反之旅游目的地的竞争力就会受到诸多限制。

5.5 目标市场分析

旅游目的地提供的产品和服务是为旅游者服务的，但是旅游目的地不能在产品和服务创造出来后才考虑旅游者的需求，而应在竞争战略的制定阶段就分析旅游目的地所面向的旅游者及其需求。因此，旅游目的地的竞争环境分析需要必要的目标市场分析。

旅游目的地目标市场分析的主要内容包括总体市场分析、市场细分、目标市场确定和产品定位。

5.5.1 总体市场分析

总体市场的主要特征可分为分析市场容量和市场交易便利程度两个指标。

5.5.1.1 市场容量

市场容量决定旅游目的地发展的可能边界。

分析旅游目的地的总体市场容量必须首先要界定市场地域和需求性质，然后根据所界定的地域和需求性质分析市场总需求。这里的总需求包括了现有具备支付能力的旅游需求，以及暂时没有支付能力的潜在旅游需求。

对于市场总需求的分析，往往需要再次分析所界定的市场地域的宏观环境信息，如区域的国民经济发展状况、居民收入水平、居民可自由支配收入和消费偏好、人口数量等。

5.5.1.2 市场交易便利程度

市场交易便利程度的分析能够反映市场交易的可实现程度。

对于在线旅游发展下的旅游目的地产品和服务的交易，其市场交易的便利程度主要取决于通信基础建设、电子交易平台建设、相关法律法规建设，以及市场监督和管理的制度建设状况等。

上述这些方面建设好将大大刺激旅游者参与在线旅游，到访旅游目的地，从而扩大旅游目的地的市场广度；同样，对这些因素的考察往往也需要再次分析宏观环境中的政治环境、技术环境等一些信息。

5.5.2 市场细分

市场细分就是将一个总体市场划分为若干个具有不同特点的消费群，每个消费群都需要相应的产品及服务。

一般来说，一个总体市场可以根据一定的标准将消费者划分为若干具有相同或相似的偏好或特征的市场群体。

例如，以地理空间划分、年龄划分、职业特征划分、性别划分等。

旅游目的地的市场细分可以依据自身的核心要素和吸引力特征及辅助要素和服务的水平状况选择一定标准进行；同时结合对市场群体的调查，收集旅游者的特征和旅游偏好，进而进行统计分析，并描述具有相同特征和偏好的市场群体，对其进行细分市场命名。

由于市场环境处于不断变化中，旅游目的地的市场细分工作必须定期重复进行。

5.5.3 目标市场确定

市场细分揭示了旅游目的地各细分市场的可能机会，接下来旅游目的地必须评价各细分市场，并选择旅游目的地所服务的目标市场。

评价细分市场的主要指标包括细分市场规模及其成长状况、细分市场结构的吸引力、目的地的资源和实力等。应结合这些指标对每个细分市场进行评价，寻找与旅游目的地的资源和实力最相吻合的细分市场。

5.5.4 旅游目的地定位

旅游目的地定位是旅游目的地为了满足目标旅游市场而确定其提供的旅游产品类别、功能、质量、价格等内容的过程。

例如商务度假型旅游目的地的定位主要面向商务旅游市场提供价格较高、质量较好的商务旅游产品及相关服务；医疗保健型旅游目的地的定位主要面向具有医疗服务需求和养生保健愿望的旅游群体提供相应的医疗旅游产品和服务。

6　在线旅游发展下旅游目的地基本竞争战略

迈克尔·波特在《竞争战略》提出了组织竞争的三种基本战略，即成本领先战略、差异化与集中化战略。旅游目的地在竞争过程中应选择其中一种战略作为其主导战略，要么旅游目的地实行精细化管理，重整再造旅游生产及服务流程，强调控制成本，在价格方面实行领先优势；要么旅游目的地专注产品创新及个性化服务，提供与其他竞争手不同的特色鲜明的服务与产品，树立自身差异化优势；要么旅游目的地专注某一细分市场或者特定地理范围的旅游需求，发挥集中化优势。

6.1　旅游目的地的成本领先战略

一个产业的初期发展由于缺乏科学规划，前期的发展成本一般都比较高。旅游业也是如此。

改革开放初期，我国旅游业在逐渐推向市场发展的阶段，由于盲目追求市场扩张出现了许多资源浪费的成本问题。早先人们普遍认为旅游业是无烟产业，各地在快速推进旅游业发展的过程中，造成了诸多不同程度的环境破坏。在后期环境整治的过程当中使旅游业发展成本不断提升。

例如，在某些区域旅游业逐渐发展成熟的过程中，对于历史上建设的不合理的餐饮、住宿、交通等服务设施需要频繁地拆除改建，这同样也增加了旅游目的地发展的成本。

此外，旅游业发展的前期阶段，中小型旅游企业占绝大多数。这些企业在旅游产品的生产过程当中各自为战，无法体现规模经济，旅游生产成本也居高不下。

旅游目的地实施成本领先战略，就应该面对以上这些问题进行系统的思考。下面提供几条路径以供选择。

6.1.1 树立成本控制意识

旅游目的地作为一个提供旅游产品及服务的地域综合体，树立成本控制意识不仅仅是旅游目的地内部旅游企业的问题，而是应该在旅游目的地各个层级系统开展，全面树立成本控制意识。

首先，旅游目的地的政府机构应该树立成本控制意识，在目的地整体的规划建设、环境保护、土地利用等方面都进行成本控制。

要在地区经济发展和社会发展的整体规划下，对旅游目的地的旅游经济发展进行科学规划。使旅游目的地的建设具有稳定性、持续性及开放性。这样可以减少因规划改变等问题产生的各种成本。

其次，旅游目的地内部企业管理人员应树立成本控制意识。旅游目的地产品及服务的生产，最终将由各个旅游企业和旅游组织来完成。各旅游企业和组织的内部成本是旅游目的地整体成本的重要组成。只有各企业和组织都具有严格的成本控制意识才能有效降低旅游目的地的整体成本。

最后，旅游目的地居民也应树立旅游成本控制意识。虽然旅游目的地的居民群体并不直接参与旅游目的地产品及服务的生产和提供过程，但由旅游目的地居民的行为及整体面貌构成的旅游目的地的好客度、社区环境氛围等，都会对旅游者形成消费过程中的不同影响。

如果旅游目的地的居民行为及整体面貌特征对旅游者消费过程中的体验产生负面影响，这样会形成旅游目的地对于旅游者到来的抵制力，这种抵制效果需要旅游目的地额外花费巨大成本进行淡化和消除，从而变相增加旅游目的地的成本。

因此旅游目的地的管理者应该引导居民群体形成这种成本控制意识，实施适当的行为，并逐渐形成旅游目的地的好客氛围，避免产生额外成本。

6.1.2 科学规划控制土地资源成本

正如上一点所讨论的，旅游目的地在发展建设过程当中，如果缺乏科学的规划，频繁改变旅游目的地各种设施设备建设的布局，可能会造成在建设发展过程当中，由于不断更换土地利用产生额外的土地资源成本。

这就要求旅游目的地遵循该区域上一级国民社会经济发展的整体规划，以及土地使用规划，科学谋划旅游目的地的未来发展，为各种旅游产品、旅游景区、旅游接待设施等设计、预留使用土地，并保证其稳定性和持续发展性。

由于旅游目的地的发展更多地依赖区域内自然资源和历史文化资源等要素，因此在进行土地规划和利用的过程当中，应该充分考虑目的地自身所拥有的自然资源特征和土地资源禀赋特征，并且科学地处理与农业生产、工业生产，以及其他服务业生产土地使用的矛盾关系，从而提高土地资源的利用率，并充分发挥自身旅游资源的优势。

此外。在我国大力倡导的全域旅游发展战略思想指引下，旅游目的地的建设和规划还应该有宏观全局的视角把握。对于目的地内部的农业发展、工业发展及其他产业发展应该都予以结合旅游业发展的前景展望，在各产业未来发展的规划中预留与旅游业融合的发展空间，并相应地给予土地规划利用的考虑，为各种旅游业与其他产业的融合发展所需要的未来旅游接待设施建设预留土地空间。

6.1.3 融合发展控制资源投入成本

旅游目的地竞争优势的获得，很大程度上来源于旅游目的地对于旅游者的吸引力。

在传统的旅游业发展观下，旅游目的地对旅游者的吸引力主要源于旅游资源，如地貌景观、水体景观、生物景观等自然资源，以及历史遗迹、建筑设施等人文资源。

在目前旅游消费不断升级以及旅游业跨界发展的大趋势下，全域旅游的提出及“旅游+”发展观指引我们，除了这些传统的旅游资源，旅游以其与其他产业融合发展所形成的吸引力同样是旅游目的地吸引游客到访的重要动力。

例如，特色农业和高科技农业的发展所形成的农业旅游观光园区，各种大型的体育赛事及体育场馆带动的旅游消费效应等，都是旅游目的地吸引旅游者的重要发展方向。

因此旅游目的地提升自身吸引力，树立竞争优势的资源投入不应只朝向传统旅游观指导下的旅游资源投入，更应该深入促进旅游业与其他各产业的融合发展，利用其他各产业发展的资源投入，采取适当措施将其转化为具有旅游吸引力的新竞争力点，从而拓展旅游目的地吸引力来源，并且减少旅游目的地的建设投资。

6.1.4　加强管控降低环境整治成本

旅游业发展初期，人们普遍认为旅游业是一种无烟产业。但在旅游业不断发展过程当中，各种生态环境的破坏使得人们日益认识到旅游业的环境整治成本，认识到旅游环境保护的重要性。

很多旅游目的地在经历了环境破坏之后投入了大量的成本进行环境整治，重新优化旅游生态环境，使旅游目的地提升其对旅游者的吸引力。

因此，我们要加强对旅游目的地生产和服务过程当中的环境监督管理，减少或避免出现旅游环境的破坏。该方面的工作应该主要从三方面入手。

第一，从宏观层面，旅游目的地的管理机构应该科学规划旅游目的地的空间布局，着眼于未来的发展，为旅游消费预留充足的地域空间，从而避免因旅游需求增加，游客到访量增长而出现环境承载力不足导致的环境问题。

此外，应该加强旅游目的地环境保护的法律法规体系建设。对旅游经营者以及旅游者的环境破坏行为，能够提供有效的约束和管理措施。同时应该出台相应的激励和惩罚措施，对于在旅游经营过程当中有利于环境保护和促进环境改善优化的旅游企业和个人，应给予充分的奖励；相反，对于在旅游经营过程当中出现的环境破坏行为应予严厉的惩治。

第二，从中观层面上，应加强对旅游企业经营者和从业人员的环境保护教育。不断提升他们的环境保护意识；激励旅游经营者采取绿色、环保、低碳的生产和服务方法、工艺及设备，从而减少环境破坏。

第三，从微观层面上，对旅游目的地的游客应进行环境保护的教育及引导。

一方面，采用倡导及引领的方式和措施，使目的地的游客能够充分认识到旅游环境保护是对其旅游消费体验、旅游消费过程的重要保障，是关乎其个人旅游消费和权益的重要事项，引导其在旅游消费过程当中行为适当，从而减少环境破坏。

另一方面，应该加大对于旅游环境保护奖惩的措施宣传，使旅游者明晰在旅游目的地消费过程当中，哪些环境破坏行为是要受到法律法规的惩治的，哪些适当的消费行为，即有利于环境保护的行为是可以获得旅游目的地给予的精神和物质奖励的，这样就能形成在旅游者层面的环境保护推动力，从而降低环境整治的成本。

6.1.5 采取措施控制生产过程成本

旅游目的地的产品及服务生产由目的地内部各旅游企业和组织来完成。在各旅游企业和组织自身控制生产过程成本的基础上，还应该采取旅游目的地层面的一些激励措施和引导措施，力求实现旅游目的地整体的生产成本降低。

首先，在具有一定规模的旅游目的地应该成立非营利性的旅游行业组织，该类组织可以由旅游目的地管理机构倡导并推进成立。在合作协商的基础上，由该组织实施统一的生产材料采购、从业人员培训、整体市场营销等措施，以此形成规模经济效益，从而降低生产过程成本。

其次，该旅游目的地行业组织还可以组织与其他旅游目的地的旅游企业之间的经验交流、技术交流等，从而学习其他旅游目的地旅游企业的先进管理思想和先进生产技术，降低生产过程成本。

再次，旅游目的地管理机构应该制定并实施适当的倾斜政策和激励措施，促进旅游目的地内部旅游企业采用更先进的生产技术、流程及设备，从而降低其生产过程成本。对同类领域内的旅游企业进行生产过程对比评价，对能够与国际发达旅游目的地接轨并引入先进生产技术和设备的企业，进行政策倾斜及适当奖励，从而形成整个行业的带动作用，促进生产成本的降低。

最后，对于旅游目的地的产品及服务的开发设计，应该尽量利用本土资源，促进本地资源的经济转化，并减少用采用外部生产资源产生的物流及管理成本。

6.1.6 加强人力资源管理降低人工成本

旅游目的地管理机构及旅游企业应不断加强人力资源管理。在人才招聘培训及绩效考核等方面不断优化管理措施，从而降低人工成本。

首先，旅游目的地管理机构是整个旅游目的地规划建设发展的宏观管控组织，内部各部门和岗位都应该选择具有旅游目的地管理知识背景的人才，从而避免因旅游目的地的宏观管理失误而产生间接成本。

其次，如上文所述，由旅游目的地管理机构或所设置的旅游行业组织进行旅游从业人员的联合培养，避免各旅游企业和组织各自组织从业人员培训所产生的人力成本浪费。而且，由旅游目的地管理机构及行业组织在更广阔的范围和层面去寻找高质量的从业人员培训资源，来提高旅游从业人员培训的质量，这在一定程度上也会形成人力资源管理成本的降低。

此外，旅游业具有鲜明的淡旺季特征，往往在旅游旺季的时候旅游目的地各供给环节和单位都会出现人力资源紧张；在旅游业的淡季，会出现人力资源闲置的现象。因此，旅游目的地可以从整体层面制定人力资源在目的地内部的合理流动机制及共享机制。

在旅游旺季，旅游从业人员可以在各旅游产品及服务供给环节和组织之间进行共享和流动；而在旅游淡季，闲置的旅游从业人员回归本来所在组织和岗位。这样既避免了在旅游旺季额外雇佣旅游从业人员而产生的人工成本，同时，也加强了现有人力资源的充分利用，提高了人力资源管理效益。

6.1.7 借力宣传降低市场营销成本

旅游业的跨界融合发展，可以使旅游目的地的营销充分利用其他产业的发展进行。

首先，旅游目的地的管理机构及旅游企业组织应该充分利用目的地区域内部其他产业发展过程当中的各种活动事件以及渠道资源，借力宣传，开展旅游目的地营销。

例如，目的地的农业、工业等其他产业所举办的会展活动，目的地所开展的文艺娱乐活动，目的地所承办的大型的体育赛事活动等，都可以作为旅游目的地进行市场营销的活动载体。

其次，在互联网时代发展的今天，诸多大型的工业企业、文化组织等都具有自身庞大的网络宣传渠道。旅游目的地也应该采取合作措施，借用这些已经成熟并具有广泛宣传效应的渠道进行自身的旅游营销，从而降低单独旅游营销的成本。

6.2 旅游目的地的差异化战略

集中旅游目的地资源，形成其他竞争对手所没有的特色，在旅游业内占据特殊的地位，这就是“差异化”。

差异化战略也称“特色取胜”战略，对于旅游目的地来说其核心是以旅游产品及服务的特色获胜。其目的是保证旅游者有积极的主观能动性接受旅游目的地的差异化的产品或服务，因而为旅游目的地带来一批忠实的旅游者，并建立起一个特殊的市场地位。

旅游目的地实施差异化战略，应基于对于自身条件的分析并结合旅游市场需求发展进行差异化创新。具体而言有以下途径可以选择。

6.2.1 核心要素及吸引力的差异化

核心要素及吸引力是影响旅游目的地竞争力的主要因素。因此，旅游目的地产品及服务的差异化发展应首先侧重对于核心要素及吸引力的差异化设计。

6.2.1.1 自然资源和环境的差异化利用

旅游目的地的自然资源和环境决定了旅游目的地的整体环境特色，在很大程度上也是形成旅游目的地独特的美学面貌和视觉吸引力的基础。

虽然这种美学面貌和吸引力并不能由人为因素进行很大程度上的改变。但是，结合目的地的历史文化以及现代的科学技术和适当的人为设计，也可以产生与其他目的地类似的自然资源和环境特征不同的差异性特色。

例如，地貌类景观和水体景观，对于这类自然资源，其主要产生的旅游价值就在于其美学面貌和视觉吸引力，以及其中所蕴含的科学价值吸引力。对于地貌景观和水体景观的美学面貌欣赏和视觉体验，同类型的地貌景观和水体景观在不同的观赏角度、观赏范围和观赏距离，会产生不同的观赏效果。

处于山脚下的观赏点，观赏山体景观会产生巍峨雄壮等美学体验和视觉感受；而在山腰的观景点会感受到山体景观内部的一些特征及相应的视觉感受；而位于山顶和高空进行欣赏，则会产生辽阔、空旷等美学体验和视觉感受。

对于水体景观的欣赏也是一样，近距离和远距离以及在水体景观内部分别会产生不同的美学和视觉感受。

再如，对于生物景观资源，其主要的旅游价值体现在其色彩、形状、嗅觉等方面，包括五彩的森林、芬芳的鲜花、外观奇特的动植物等。对于该类旅游资源的美学和视觉吸引力的差异，同样也有观赏位置、观赏距离的差异。

而对于某些生物景观旅游资源来说，观赏时间的差异也会形成一定的特色。例如，绝大多数动物园开放的时间是在日间。旅游者主要能够观赏到各种动物外观以及日间的行为习惯和特征。但有的旅游目的地形成了差异化的开放特征，在夜间开放动物园，让游客能够欣赏并了解到一些动物夜间独特的行为特征，如老虎在凌晨时段的捕食行为等，使游客获得不同的体验，形成了旅游目的地独特的吸引力。

此外，对于自然资源和环境的高科技利用同样会产生独特的吸引力。

例如，采用 VR 等虚拟技术对火山喷发过程进行模拟，形成虚拟视觉产品，可以使游客在游览火山地貌的同时，还能够了解和学习地理学知识，从而在同类型的旅游目的地当中形成新的吸引力来源。

综上所述，旅游目的地在竞争环境分析的过程当中，对于主要竞争对手的同类型景观所现存的或现行的观赏利用应该有详细的分析，从而制定自身该类型旅游资源的欣赏差异性，形成与其他竞争目的地之间的美学和视觉吸引力的差异。

对于自然资源和环境的差异化利用，旅游目的地应该在分析主要竞争对手的基础上，结合自身的资源环境特色，开发出与同类型旅游目的地具有不同特征的旅游产品及服务，从而树立竞争优势。

6.2.1.2 旅游目的地历史和文化的差异化利用

一般而言，旅游目的地对于其历史和文化的展示，或是以不同的载体形式进行静态的展示，或是以某些文化活动进行动态的展示，并提供旅游者的参与体验。

该类核心要素的差异化利用，所以从静态和动态的利用分别进行论述。

首先，在历史和文化的静态展示中，绝大多数目的地都能将历史和文化的主要特征提炼出来，并选择具有代表性的物质载体进行展示，并且在展示过程当中一般也都注重同时期的和同文化范围的环境辅助。

例如，在很多地区的历史博物馆和文化博物馆的展示中，展区一般都能够按照历史阶段和文化种类进行划分布置，并在每个区域设置相应的历史和文化背景，以辅助游客的了解和观赏体验。

但在这种静态的展示中仍然有许多可以突破和创新的方面。

例如，对于参观者，为其设计在所展示的历史和文化发展进程当中所包含的角色身份，并辅助以必要的设施、服装、器具，甚至是社会关系身份；同时，按照该角色的历史走向进行整体的布置，让游客在观赏的过程当中，以实际的历史和文化参与的角色身份去感受历史和文化的发展进程，从而获得独特的观赏体验。

其次，对于旅游目的地历史和文化的动态展示，绝大多数旅游目的地都能够做到尽量保持历史和文化的原汁原味。在以往旅游业发展过程当中出现的经验教训基础上，避免历史和文化展示的商业化。

但在其利用过程当中，也有许多可以创新和差异化的方面。

例如，在让旅游者参与到一些历史和文化动态活动的过程当中，同样为参与的旅游者设计一个符合历史和文化范畴的角色身份，使其有更佳亲临其境的参与体验，同样会形成更好的旅游消费效果。

当然不得不说的是，差异化发展战略不同于成本领先战略，往往会产生较高的生产成本，但这也是高利润产生的基础。因此，旅游目的地在进行差异化发展的过程当中，对于某些必要的辅助设施和器具的增添会提高旅游产品及服务的生产成本。对于这部分成本，旅游目的地应加强管控，避免因为盲目追求差异化而使生产成本过高，从而丧失竞争优势。

6.2.1.3　旅游目的地市场联系的差异化建设

市场联系是旅游目的地与旅游客源地之间建立和保持的一种关系。这种关系可以在目的地管理者间接施加影响的基础上，逐渐随时间演变而变化。

因此，在没有市场联系或现存市场联系较弱的情况下，旅游目的地应采用适当的措施和方法，谋求市场联系现状的改变并形成自己的独特特色，从而树立市场优势。

例如，举办国际类大型的体育赛事，在定期持续的举办基础上，形成一定的影响效应，必然会加强该旅游目的地与世界范围内的爱好体育运动及积极参与体育运动群体之间的联系，并附带会影响该类群体周边亲朋好友与旅游目的地发生必要的联系。

或如，利用某旅游目的地特有的历史和文化资源，形成独特的文学艺术作品、影视娱乐产品。在文学艺术作品和影视娱乐产品受到大范围观众关注之后，旅游目的地与这类群体之间的市场联系也会随之诞生。

除此之外，各个产业发展的庞大空间内部都会存在与其他市场区域之间的市场联系，旅游目的地应该充分挖掘目的地所在区域范围内具有优势的各类产业内部的资源，利用这些资源去寻找利于自身发展的市场联系点。

例如，工业产业内部的研发，可以建立世界范围内对于该研发感兴趣的群体的学术联系；农林牧渔等产业内部的展销，可以利用其在世界范围内与同类型产品生产区域之间的市场联系等。

6.2.1.4　旅游目的地社会活动的差异化利用

旅游目的地的社会活动，包括上文中所述的独特的事件活动，这些活动都可以受到旅游目的地的人为因素影响。

旅游目的地应该在宏观社会环境分析的基础上，结合旅游需求动态，不断创新、设计、组织丰富的社会活动，从而吸引旅游者并树立市场优势。

这里需要注意的是，旅游目的地的社会活动为形成持久的吸引力和文化氛围，应该在开发组织的过程当中，注重持久性和定期性的设计；并且，在社会活动持续开展的过程当中，要不断总结经验，优化细节，完善文化氛围，注重品牌建设，不断提升其吸引力和影响范围。

6.2.1.5 娱乐活动的差异化

娱乐活动是吸引旅游者造访旅游目的地的又一重要因素。尤其带有区域性特征和民族性特色的娱乐活动，往往受到旅游者的热烈欢迎。

娱乐活动的特色营造应充分利用旅游目的地的历史文化资源，挖掘历史文化旅资源当中与现代社会文化价值观相适应的要素，结合现代的科学技术以及旅游者的消费价值观，重新进行活动设计，并辅之以必要的文化氛围建设，形成独特的娱乐活动品牌，以此提升旅游目的地的竞争力。

6.2.1.6 旅游服务设施的差异化

旅游服务设施主要是为旅游者提供住宿、餐饮、交通、购物等方面的服务。一般情况下，各类型旅游目的地在旅游服务设施建设方面并不存在很大差异。只有主题较为鲜明的旅游目的地，其旅游服务设施才具有一定的独特性。

因此，旅游目的地在其服务设施建设过程当中应充分调查研究主要竞争对手所采用的旅游服务设施类型及特征，结合自身自然资源及环境特征、历史文化特征，形成差异化的旅游服务设施。

例如，将目的地独特的自然资源融入旅游服务设施生产当中，以独特的木材、石材等建筑原料进行住宿及餐饮设施等建筑物的建设，以驯鹿、骆驼等特产动物设计旅游交通设施，以此来形成旅游服务设施的差异化发展等。

6.2.2　辅助要素及服务的差异化

辅助要素和服务能够协助并促进旅游目的地的竞争力提升，是核心要素及吸引力的必要补充。

6.2.2.1　旅游目的地基础设施的差异化建设

旅游目的地的基础设施包括一般的交通设施、卫生系统、公共服务设施、通信系统、饮水供给设施、垃圾处理系统等。这些基础设施是旅游者在旅游目的地进行消费的过程当中频繁接触的设施设备。

对于一般性的旅游目的地基础设施建设而言，多数目的地的基础设施并不具备独特的鲜明特征。因此，旅游者在目的地消费的过程当中，虽然频繁接触这些基础设施，但并不会给予特殊的关注，也不会留下深刻的印象。这其实是旅游目的地建设中一个急需重视和改善的方面。

例如，旅游者在一目的地消费过程当中频繁使用市内交通，对交通站点的独特设计以及交通工具的独特装饰形成一定主题的鲜明特征，会让旅游者有耳目一新的感觉，并且对该目的地留有深刻的印象。

再如，街道上布置的数量庞大的垃圾回收设备，如果也具备鲜明的独特特征，旅游者同样会有深刻的印象，并形成不同的感受。

因此，旅游目的地应该结合上述核心要素及吸引力的差异化设计，在此基础上，以统一的感官感受和统一的文化主题和特征，进行基础设施的差异化设计，从而形成目的地独特的、一致的鲜明形象。

6.2.2.2　旅游目的地内企业的差异化特征

旅游目的地内的企业的文化特征、整体形象同样对旅游目的地竞争力会产生一定的影响。

对旅游目的地的企业进行整体的外观形象设计，会使旅游者对旅游目的地有鲜明的辨识力，并形成旅游目的地的差异化特征之一。

6.2.2.3 旅游目的地政府意愿的差异化特征

从现在旅游业的发展形势来看，全国上下各地方政府都对旅游业有足够的重视，并且都具有支持旅游目的地发展的意愿。但是这种意愿的体现，以及在旅游者层面的感受则差异性较大。

旅游目的地应该注重以不同的形式，来体现政府对旅游业支持和关注旅游目的地发展的意愿。尤其注重让旅游者具有直观的感受。

例如，目的地政府的官员充当旅游目的地的形象大使，政府的工作人员以一定形式参与旅游目的地所举办的各类社会活动等，这都会增强旅游者对于目的地政府支持旅游目的地发展的意愿的直观感受，并且形成目的地自身发展的特色，从而树立竞争优势。

6.3 旅游目的地的聚焦战略

旅游目的地的聚焦战略又称为集中化战略，指的是旅游目的地把发展目标和方向聚焦在较小区域消费群体或者某一细分旅游市场上，以期待比其他竞争目的地更有利、高效地服务于该群体或细分市场。集中化战略的核心在于能精准聚焦目的地的细分市场。

集中化战略的本质是促使旅游目的地实现成本领先和产品差异的集中化，从而在低成本和差异化集聚之后形成竞争优势，以此获取竞争力提升。

实行集中化战略的旅游目的地不具备覆盖整个市场的全面优势，但在其目标市场上拥有足够的竞争优势，其关键在于旅游目的地选择正确的目标市场。

对旅游目的地而言，集中化战略包括以下两个方向。

6.3.1 市场聚焦

市场聚焦指基于某一标准进行市场细分，然后选择旅游目的地自身具有优势的细分市场，并专注于该细分市场的开发与营销，提供相应的旅游产品及服务。

采用这一聚焦战略的旅游目的地，一般而言具有丰富的自然资源和历史文化资源，对于不同的细分市场能够提供较为丰富的旅游产品。

例如，以人口年龄特征为标准划分细分市场，旅游目的地可以选择低年龄段旅游群体而专注于研学旅游的开发；或者选择高年龄段群体，专注于老年旅游产品及服务的开发；或者以职业特征为标准划分细分市场，选择特定职业群体而专注于商务旅游产品的开发；或者以地域空间为标准进行市场细分，具有优秀气候环境特征的旅游目的地可以选择南方区域市场，专注于避暑旅游产品的开发，或选择北方区域市场专注于避寒旅游产品的开发。

6.3.2 产品聚焦

该聚焦战略指为各类顾客提供某种特殊的产品。一般具有独特的自然资源和历史文化的旅游目的地较为适合实施产品聚焦战略。

例如，我国西南部地区拥有独特的山体景观。在旅游目的地可以专注于攀岩、探险、登山类旅游产品及服务的开发；我国东部沿海具有丰富滨海资源的旅游目的地，可以专注于潜水、垂钓等旅游产品及服务的开发；具有丰富的宗教类建筑设施及文化氛围的旅游目的地，可以专注于宗教活动、宗教朝拜、宗教文化体验等旅游产品及服务的开发。

除此之外，在自然资源要素和历史文化都不丰富的旅游目的地，可以依据其自身所组织和打造的特色文化活动进行产品开发。例如，大型的体育赛事类、会展类旅游产品及服务的开发。

7 基于产品生命周期的旅游目的地竞争战略选择

旅游目的地与其他产品一样，也有一个诞生、成长、成熟和衰退的过程，其市场需求处于不断的变化之中。随着时间的推移和旅游环境的变化，其市场需求也将在高峰与低谷之间持续波动。

旅游目的地市场生命周期是指旅游目的地从进入市场到最后衰退的全过程，可以分为导入期、成长期、成熟期和衰退期。

处于不同时期的旅游目的地具有不同的特点。

处于导入期的旅游目的地，旅游者由于对旅游目的地的基本信息和产品服务了解不多，所以市场需求量少；同时，旅游目的地在前期的建设和开发过程当中投入成本也较高。旅游目的地为了获得市场影响力，其市场营销的成本也比较高。

当此类旅游目的地经过增长期进入成熟期后，旅游市场需求不断增长趋于稳定，后续开发投入建设成本将降低；由于已经获得了一定的市场影响效应，其营销成本也会降低；但同时也会面临着更激烈的市场竞争环境，旅游目的地的利润也可能相对下降。

对于处于不同生命周期的旅游目的地，其应采取的市场竞争战略是不一样的。在旅游目的地制定市场竞争战略时，要认真分析旅游目的地自身生命周期的影响。如果对于旅游目的地所处生命周期判断失误，将会错误地引导旅游目的地的产品及服务开发，甚至与市场需求脱节，并降低旅游目的地的收入。

例如，目前文化与旅游的深度融合是整个旅游业发展的大势走向。该领域正处于市场成长期，符合国家各项政策对于旅游业发展的引导和支持，市场潜力巨大，前景光明。旅游目的地应该朝该方向努力。目前传统的观光旅游已经过时，面对旅游消费升级发展的趋势已处于衰退期。如果旅游目的地未能正确加以判断，仍然继续大力开发观光旅游，忽视深度文化旅游的发展，将直接阻碍旅游目的地的竞争力提升及可持续发展。

7.1　导入及成长阶段的旅游目的地战略选择

7.1.1　旅游目的地处于导入阶段和成长阶段的领域

对于旅游目的地来说，导入阶段和成长阶段一般是旅游业目前正在兴起和即将兴起的新兴旅游领域。

比如从旅游空间范围来说，洲际旅游和环球旅游是一个新兴的旅游市场。对于个人闲暇时间较多且可自由支配收入较高的群体，该市场具有很大的成长空间。

从旅游的跨界融合来说，旅游与农业、林业、养殖业、工业等产业的融合所滋生出的农业旅游、工业旅游、森林旅游等，是我国正大力推进的新兴旅游业态，正处于成长期；而对于与教育、医疗、养生等领域相融合而滋生的研学旅游、医疗保健旅游、养生旅游等领域，处于刚刚起步阶段，属于市场导入期。

旅游目的地涉及上述这些旅游领域都属于导入及成长阶段。

7.1.2　旅游目的地处于导入阶段和成长阶段的优劣势分析

旅游目的地处于生命周期的早期阶段，会面临该阶段独特的优劣势。明晰这些优劣势，对于旅游目的地的发展及竞争战略制定有积极的作用。

一方面，旅游目的地涉足新兴领域具有有利的一面。

具体来说，一个旅游目的地作为先驱者涉足新兴旅游领域，首先有助于提高该旅游目的地在这个领域的声望与影响力；旅游目的地在顾客在旅游者心目中的形象容易树立。这些对旅游目的地都是至关重要的。

其次，早期进入新兴旅游市场可以使旅游目的地较早的开始学习过程。对于该新型旅游市场相较于其他竞争对手会有更多的认识和了解，从而获得优先的竞争优势。

再次，进入新兴旅游领域，可以较早地建立与旅游供应商和旅游代理商之间的合作关系，形成稳固的旅游销售渠道，从而取得竞争优势。

最后，早期进入新兴旅游领域，旅游者对于旅游目的地容易形成较好的忠诚度，从而获得较为稳定的客源市场。

另一方面，早期进入新兴旅游市场，旅游目的地虽然会掌握较多的竞争优势，但同时也存在具有风险的一面。

首先，早期旅游市场与发展较为成熟的旅游市场有很大不同。新兴的旅游市场具有很多未知的危险。如因早期进入而使旅游目的地错误地进行未来的发展规划，对于许多前期建设的旅游产品、接待设施，都会形成巨大的资源浪费，在整治改进的过程当中将会面临很高的转换成本。

其次，开辟新的旅游市场，将会面临巨大的成本投入，包括新旅游产品及服务的开发、市场营销等。

7.1.3 旅游目的地的战略选择

综合上述对优劣势的分析，旅游目的地应该选择采取积极型成长战略。

这种战略以发展作为旅游目的地的核心导向，引导旅游目的地开发新的产品，开拓新的市场，扩大旅游目的地的销售规模和市场空间，增强旅游目的地的竞争实力。

在实践中，成长型战略又可以分为一体化战略、多元化战略和密集型增长战略等多种类型。

7.1.3.1 一体化战略

一体化战略是指旅游目的地针对具有增长潜力和优势的市场，沿着产品生产链条的横向和纵向来扩大所提供的旅游产品及服务的广度和深度，从而扩大经营规模，实现旅游目的地的增长。

例如，旅游目的地进入探险旅游领域、登山旅游领域这种处于成长期的旅游市场，在提供必要的探险登山等旅游产品和接待设施服务的基础上，为扩大旅游目的地的经营规模，可以向产业链条上的其他环节进行扩张。如设立探险及登山旅游装备的生产企业、探险及登山旅游活动的咨询或培训企业等，从而扩大自身的市场范围，提升自身竞争力。

这种战略要求旅游目的地具备一定的资金和人力资源，比较适合经济水平发展较高、人才储备较丰富的高层级旅游目的地。

7.1.3.2 多元化战略

多元化战略是指旅游目的地进入多个旅游市场领域，从而避免因为市场单一带来的风险，导致旅游目的地的竞争力下降。

采用这种战略的旅游目的地，一般来说其竞争优势水平处于行业中游水平。该旅游目的地因为出现原有旅游市场吸引力下降的潜在风险，从而选择进入新兴旅游市场领域，其目的是为了能够给旅游目的地寻找新的吸引力来源，并扩大市场规模。

因此，多元化战略比较适合传统的旅游目的地进行转型。

7.1.3.3 密集型战略

密集型战略是指旅游目的地充分利用现有的资源和优势，集中深化发展某一旅游市场，并不断在该新兴旅游市场进行深度发展。

一般来说，该种旅游目的地的发展可以采用三种途径：

第一，通过加强市场营销，提高该旅游目的地产品及服务的现有市场份额及影响力。

第二，在新的地域空间进行旅游产品和服务的宣传，打开新的市场地域空间。

第三，通过不断改进和优化现有旅游产品及服务，增加市场销量。

这种战略适用于旅游目的地进入新兴旅游市场，并且该旅游目的地在传统旅游市场并不具备竞争优势，同时，该旅游目的地也没有雄厚的实力和资源开展多元化战略。其主要的战略目标就是占领新兴旅游市场的大部分市场份额，以实现该旅游目的地在新兴市场的先发优势，同时也能避免与传统旅游市场当中的其他竞争对手的激烈竞争。

7.2 成熟阶段的旅游目的地战略选择

7.2.1 旅游目的地的成熟期领域

改革开放之后，我国旅游业不断发展，至今已经历了40年的历史。发展至今的传统观光旅游与度假旅游已进入成熟期。根据目前旅游需求的升级趋势，国家对旅游业的发展有了新的引领：一方面是在保护生态环境的前提下，加大旅游业与其他产业的融合，大力推进全域旅游发展；另一方面引导旅游业与文化领域进行深度融合，促进文化旅游的深度发展。

此外，面向互联网及信息时代的发展，在线旅游、旅游的智能化，以及旅游业的信息化发展也是未来的发展趋势。

面对传统观光与度假旅游的成熟领域，以及国家对旅游业未来发展的战略引领，旅游目的地对自身的竞争战略应该做出合理的调整和反应。

7.2.2 旅游目的地的战略选择

处于成熟期的旅游目的地可以采用扩张型战略、稳健型战略和收缩型战略。不同的旅游目的地应根据其自身能力的差别来选择不同的类型，也可以在以上三者之间进行组合使用。

7.2.2.1 扩张型战略

扩张型战略是指旅游目的地在分析外部环境和自身内部条件的基础上，为了实现旅游收入最大化而谋求未来扩展目的地市场规模的战略。

实施这种战略的主要途径：

一方面是旅游目的地整体加强旅游宣传，改进旅游产品及服务的质量，从而扩大市场规模和影响力；另一方面是旅游目的地内部的旅游企业，通过收购和兼并其他旅游企业来扩大自己的经营规模，从而为旅游目的地带来更大的市场份额。

这种战略的实施需要大量的资金资源、人力资源等支持，比较适合高层级、规模大的旅游目的地使用。

7.2.2.2 稳健型战略

稳健型战略指的是在战略方向和旅游目的地的产品及服务没有重大的变化，继续维持当前旅游目的地的运行，以谋求旅游目的地相对稳定的发展。

这种战略适合经济水平不高，刚刚在某一成熟期旅游市场站稳脚跟的旅游目的地。他们目前尚没有能力也没有意愿去改变既定的竞争战略，期待在进一步的稳定当中谋求在原有领域的优势地位，同时，观望未来新型旅游市场的发展。

7.2.2.3 收缩战略

收缩战略是指为了实现旅游业经济效益的提高，以及旅游投入及产出的最大化，而缩小旅游目的地的处于成熟期市场规模的战略。

该战略适合在传统观光与度假领域影响力日益降低的旅游目的地。由于处于过度竞争的传统观光与度假旅游市场，而同时没有更好的措施来进入新的市场和转变目前竞争状态，收缩现有市场规模能够节省更多的资源投入，以期待未来积累资源进入新的市场领域。

因此，选择这种战略的大多是处于竞争劣势的旅游目的地。

7.3 衰退阶段的旅游目的地战略选择

7.3.1 旅游目的地的衰退期领域

在传统的观光与度假市场进入成熟期后，许多旅游目的地因为其自身观光及度假产品和服务的质量不高，相较于同类竞争对手竞争力下降，导致该旅游目的地进入衰退期。

7.3.2 旅游目的地的战略选择

在旅游目的地进入衰退期的过程中，可以采用的战略有领先战略、转向战略和快速放弃战略。同样，在战略使用过程当中，可以对以上几种战略进行组合使用。

7.3.2.1 领先战略

领先战略是指旅游目的地利用自身的资源和优势，不断改进现有的观光及度假旅游产品，提高产品质量，在同类型旅游目的地竞争当中生存下来。

旅游目的地实行这一战略，必须要充分分析目前所处的市场环境，明晰市场需求走向，并充分发挥自身的核心要素吸引力特征，从而树立自身的产品及服务优势，以此提升在衰退期市场的竞争力。

7.3.2.2 转向战略

转向战略是指通过减少对原有观光及度假旅游市场的投入，而转向其他新兴领域市场进行旅游产品及服务的开发的战略。

但对于旅游目的地来说，其原本的战略指向一般是基于自身所拥有的资源禀赋特征确定的，因此，在转向过程当中应该注意，避免与自身的资源优势相脱节，而是应该在原有自身资源优势的基础上，分析市场需求，从而寻找正确的转向方向。

7.3.2.3 快速放弃战略

快速放弃战略是指旅游目的地迅速放弃原有的发展方向，并寻找新的市场领域，在深度分析市场需求走势的基础上，重新创造，为旅游者进行价值创新，并开拓新的市场。

8 基于行业竞争地位的旅游目的地竞争战略选择

8.1 市场领导型旅游目的地的战略选择

8.1.1 领导型旅游目的地

历经40年的旅游业发展，我国已成为世界旅游大国，并逐渐向世界旅游强国迈进。

在旅游业的发展过程当中，由于自身资源禀赋及区域经济发展水平的影响，我国处于市场领导型的旅游目的地基本上都位于经济发达区域，或是区域行政中心，如北京、上海、广州、西安等地。

这些旅游目的地拥有丰富的自然旅游资源和人文旅游资源，并且区域经济发展水平都处于我国领先地位，因而成为具有优势竞争力的旅游目的地。

8.1.2 战略选择

对于市场领导者来说，未来的旅游目的地竞争战略选择路径有以下比较典型的三种类型。

（1）产业链拓展战略。指旅游目的地的旅游经济活动发展横向融合更多产业的发展，或者沿产业链纵向进行延伸拓展。比如在传统观光度假旅游领域基础上大力开展农业旅游、工业旅游、医疗旅游、研学旅游等；或者沿旅游产业的纵向链条，大力发展旅游购物品、旅游装备品等领域，从而谋求纵向领域的竞争优势。

（2）集中优势市场战略。面向旅游市场需求的不断升级，以及旅游供给侧改革，高端旅游市场日益受到旅游目的地的重视。

采用集中优势市场战略的旅游目的地应该集中自身资源优势，放弃低端观光市场，从而向深度文化旅游、高端商务旅游、探险旅游、医疗旅游等新兴领域迈进。

(3) 国际化发展战略。我国提出的“一带一路”倡议为我国融入经济全球化发展，提升自身影响力带来了极大的促进作用。旅游目的地应充分把握“一带一路”倡议所带来的机遇，致力于海外市场的合作和国际旅游市场的扩张。

加强与海外知名旅游目的地之间的合作，在进行合作交流的同时，引进先进的发展理念、技术水平、经营管理方法等，不断提升自身的竞争力并扩大国际市场份额。

需要指出的是，上述这三种类型的战略划分和应用并不是孤立的。对于不同的旅游目的地而言，在战略实施过程当中，可以依据自身实力和环境变化进行不同的组合选择。

8.2 市场挑战型旅游目的地的战略选择

8.2.1 挑战型旅游目的地

市场挑战者主要是指在旅游业的竞争当中处于中等地位的旅游目的地，并且其有能力和意向对市场领导者发起挑战。

从我国的旅游业发展实践中来看，属于市场挑战型旅游目的地主要是一些非区域行政中心，且区域经济发展水平处于中等地位的，具有一定旅游业发展基础的旅游目的地。

对于一定区域范围内而言，例如黑龙江省，省会哈尔滨市是区域内的市场领导者，而齐齐哈尔、大庆、牡丹江等则属于市场挑战者地位。

8.2.2 战略选择

在目前的旅游业市场上，市场挑战者可以采取的主要竞争战略是后向一体化战略，即顺应目前的旅游业市场结构形式，将主要注意力转移到旅游产业链条的上游，从而实现从整体旅游产品及服务的提供者向单体旅游产品的生产者转变。

其途径主要有：

(1) 向旅游购物品生产方向发展，大力开展旅游购物品的设计和研发，从而成为向区域内各旅游目的地提供旅游购物品的供应商。

（2）向旅游装备品产品生产商方向发展，为区域内各旅游目的地开展的各项旅游活动提供各种必需装备产品，以此成为区域内部其他旅游目的地整体旅游产品及服务的上游供应商，形成目的地新的竞争优势。在市场领导者及其他竞争对手不断扩大市场份额的同时获得自身发展动力。

8.3　市场追随型旅游目的地的战略选择

8.3.1　追随型旅游目的地

市场追随型旅游目的地是指在战略上模仿市场领导型旅游目的地，在营销推广上学习市场领导者，但尚不能对市场领导者的地位构成威胁的旅游目的地。

8.3.2　战略选择

一般旅游目的地作为市场追随者的竞争战略主要是采用合作战略，通过与其他旅游目的地的各种合作来扩大自身市场份额。

这种合作思路的选择可以有以下几个方向：

（1）寻找与自身战略方向一致的，处于同一市场领域内部的旅游目的地。将自身旅游资源、旅游产品及服务与合作对象进行整合营销，形成更大的吸引力，并拓展自身的旅游市场。

（2）利用自身周边的竞争对手客源市场，借助区位靠近的地缘优势，延长竞争对手客源的消费线路，顺带销售自身旅游产品及服务。

（3）利用市场领导型旅游目的地的销售渠道，推广自身的旅游产品及服务，从而降低自身的营销成本。

需要注意的是，与市场领导型旅游目的地的合作在带来发展优势的同时，也存在丧失既有市场的风险。因此在合作的同时，应注意避免自身的优势特征被市场领导型旅游目的地掩盖，以保证自身的正常发展。

8.4　市场补位型旅游目的地的战略选择

8.4.1　补位型旅游目的地

市场补位型旅游目的地是以专注于开发并占领细分市场为目标的旅游目的地。这些目的地在一定区域范围内相对于市场领导型旅游目的地来说，竞争力较低，但是可能具有一定非常重要的资源禀赋特征。从区域整体的范围来说，对市场领导型旅游目的地的产品及服务是有益的补充。

8.4.2　战略选择

市场补位型旅游目的地主要应该采用聚焦化战略。

该类型目的地成功的原因往往源于其市场目标高度集中，并且能够正确利用自身的资源禀赋特征，为其他旅游目的地及产品提供有益的补充，从而使旅游者获得更好的旅游消费体验。

同时，该类型旅游目的地应该注意自身成本的降低，以及产品及服务的差异化。

例如，在黑龙江省的区域范围之内，红色旅游市场领导型地位的旅游目的地以哈尔滨、牡丹江为代表，其红色旅游产品如抗联红色经典旅游线路等。对于消费者而言，为了解抗日联军在黑龙江省整体的抗战发展历程，除对位于主要旅游目的地周边的战争遗址、战争纪念馆等游览之外，其他旅游目的地，如鹤岗、双鸭山、七台河等地所拥有的抗联密营、抗联英雄牺牲地等资源，都是对该类旅游产品的有益补充。

这些旅游目的地如果专注于对这类补充性旅游资源的深度开发和挖掘，聚焦于创新产品及服务特征，就会成为主要旅游目的地产品及服务的有益补充，从而获得自身的市场份额，提高自身竞争力。

9　旅游目的地竞争战略实施的保障措施

面对在线旅游发展的新局面和旅游业整体发展态势，旅游目的地可以依据自身所处环境分析和内部条件对比采用不同的竞争发展战略。在选择并制定了科学合理的竞争战略之后，实施过程中仍有许多需要关注的问题，如旅游目的地的管理组织结构、旅游目的地的人才建设等，这些方面问题会直接影响旅游目的地竞争战略的实施及效果。

因此，应采取合理必要的措施，以保障旅游目的地竞争战略的顺利实施和取得良好的效果。

9.1　完善旅游目的地管理组织体系

9.1.1　旅游目的地的管理机构

世界各国，几乎所有的旅游目的地都设有旅游目的地管理机构组织。鉴于目的地的级别和类型差异，目的地管理组织的性质和名称也有很大不同。

在国家层次上，旅游目的地管理组织通常是指国家旅游组织。例如我国进行政府机构改革之前的国家旅游局和改革之后的文化和旅游部，英国旅游局、澳大利亚旅游委员会等。

在州或省这一层次上，旅游目的地管理组织通常是州或省的旅游局、旅游主管部门。例如我国黑龙江省文化和旅游局、美国俄勒冈州旅游局、加利福尼亚州旅游会展局等。

在城市这一层次上，旅游目的地管理组织常见的名称是旅游局或会议局。例如中国各城市所设文化和旅游局、美国纽约市旅游会展局、西班牙马德里会议局等。

根据不同国家和地区的社会经济情况和国情体制，旅游目的地管理组织既可能是一个公共组织，也可能是一个私人组织，但无论其组织形式和性质有何不同，其都应该在目的地旅游业发展中充当以下角色并承担相应任务。

（1）该组织对目的地复杂的旅游系统构成的各方面资源和力量负责统一协调与指导。

（2）该组织需要能够支配目的地旅游系统构成的相关部门，并获得主要参与者的支持。

（3）该组织需要能够影响相关公共部门和私人企业的决定和行动，并能够对目的地到访旅游者的旅游体验和质量产生支持和保障作用。

（4）该组织需要制定有利于营造目的地良好的整体旅游环境氛围的政策，并推行鼓励旅游供给发展和调动旅游需求扩大的诸多手段。

（5）该组织要能够独立地、灵活地制定改革策略，以便在市场和环境发生重大变化是及时采取相应策略。

9.1.2 旅游目的地的管理组织体系

旅游目的地的发展建设及管理虽然拥有了上述旅游目的地管理机构，但是在实际发展过程当中，很多方面仍然需要相应的管理组织来推进相关工作。因此，在现有的旅游目的地管理机构基础之上，旅游目的地应该增设以下两类旅游管理组织，来形成完善的旅游目的地的管理组织体系。

9.1.2.1 旅游目的地的协调管理机构

从管理学的发展来看，纵向垂直化的管理组织结构日益朝向横向更加扁平化组织结构发展。这种发展倾向一方面是能够有利于各部门之间的沟通协调，提升资源利用效率；另一方面，也能够更大地缓解由垂直纵向多层级组织结构缺陷导致的工作效率低下。

旅游业具有较强的综合性特征，涉及产业部门和行业领域非常多。这些相关的产业领域和行业部门分别由不同的管理机构来管理。

一旦涉及各部门以及各产业领域之间的资源协调信息沟通，往往缺少一个具有相应权利和职责的管理机构。

目前我国各地区的旅游管理都通过设立的相对独立的机构进行管理。从传统的管理学观点来看，这样的管理方式是较为有效的。但从目前我国所推进的全域旅游、旅游的跨界融合，以及旅游业自身的综合性来看，旅游目的地需要设立一个能够沟通旅游目的地发展相关各部门的协调机构。

类似于企业内部进行项目管理所设置的项目管理机构一样，该协调管理机构可以进行开放性的、临时性的组织设置，在完成其阶段性使命后可以进行解散。

9.1.2.2　旅游目的地的行业管理组织

旅游目的地内部还应该设置相应的行业管理组织。这类管理组织主要负责旅游目的地内部各类旅游企业组织之间的合作。

例如，旅游产品生产原料的统一采购，旅游从业人员的统一培训，旅游目的地的整体市场营销，以及旅游目的地与其他竞争者之间的合作交流等。

9.1.3　旅游目的地管理组织体系的信息化建设

在线旅游的发展要求在旅游目的地管理组织体系当中及时、准确地传递旅游目的地的相关信息。因此，旅游目的地应注重加强旅游目的地管理组织体系的信息化建设。

旅游目的地独立管理机构属于官方组织机构，处理宏观层面旅游政务信息的电子化加工和传递；旅游目的地行业组织属于市场协调机构，处理微观层面旅游商务信息的电子化加工和传递。两类机构之间的信息流通，会促使旅游电子商务与旅游电子政务的融合发展，从而提升旅游目的地的资源利用效率，并且能够使宏观的政府旅游管控与微观的旅游市场需求密切结合。这样既有利于提高政府部门服务旅游市场经济发展的质量和效应，同时也有利于旅游市场经济行为顺应政府宏观领导管控，充分利用政策环境优势，提高资源的经济效益转化。

9.2 加强旅游目的地人力资源建设

9.2.1 加强全域旅游发展型人才培养

全域旅游是目前我国旅游业发展的核心战略，目标是促进旅游业与更多国民经济生产活动的融合，提升资源利用效率，大力促进旅游业的发展。

这就要求各旅游目的地在全域旅游思想指导下，有目的地加强全域旅游发展人才的培养。旅游目的地应该以旅游管理专业学历教育人才为基础，加强对该类群体的专门领域的行业指导培训，从而形成全域旅游发展型人才的储备。

9.2.2 加强在线旅游发展型人才培养

面向在线旅游发展态势，互联网及信息时代旅游业的发展需要更多掌握互联网思维、信息学知识和技能等方面的人才。

同样，对于该类型的人才，旅游目的地也应该注重在旅游管理专业学历教育的基础上，增加对于该群体关于互联网发展思维以及信息学知识和技能等方面的培训，充分做好在线旅游发展型人才储备。

9.3 加强旅游目的地资金保障建设

旅游目的地的建设发展及竞争力提升离不开必要的资金支持，加强旅游目的地的资金保障可以获得可持续发展的动力。

9.3.1 做好资金预算

旅游目的地应在科学合理制定自身旅游规划的同时做好资金预算，对于不同周期内的旅游目的地的开发建设形成科学合理的资金预算计划，为旅游目的地的未来发展提供指导，避免因为临时的资金紧张或短缺，导致旅游目的地的开发规划搁置或改变。

9.3.2　拓展资金来源

以往旅游目的地的开发建设更多地依赖于国家政府的投资建设。而未来旅游目的地的建设发展应更多推向市场，拓展资金来源，为旅游目的地树立竞争优势提供有力的保障。

比较成功的模式是成立旅游目的地的旅游开发集团，由大型企业集团投资入股，从而保障充足的资金来源。

此外，也可发行旅游类政府债券，向民间筹集闲散资金，以此推进旅游目的地的开发建设。

9.3.3　加强资金风险控制

旅游目的地应加强资金的使用监督，强化资金管理，有效降低财务风险，从而保障资金的有效利用。

参考文献

[1] Ahas R, Aasa A, Roose A, et al. Evaluating passive mobile positioning data for tourism surveys: An Estonian case study [J]. Tourism Management, 2008, 29 (3): 469-486.

[2] Ann P. The impact of information technology on destination marketing [J]. Travel and tourism analyst, 1995 (3): 66-83.

[3] Beldona S. Cohort analysis of online travel information search behavior: 1995-2000 [J]. Journal of Travel Research, 2005, 44 (2): 135-142.

[4] Buhalis D, Law R. Progress in information technology and tourism management: 20 years on and 10 years after the Internet: The state of e - Tourism research [J]. Tourism Management, 2008, 29 (4): 609-623.

[5] Buhalis D, Licata M C. The future e-Tourism intermediaries [J]. Tourism Management, 2002, 23 (3): 207-220.

[6] Burgess S. Trust perceptions of online travel information by different content creators: Some social and legal implications [J]. Information Systems Frontiers, 2011, 13 (2): 221-235.

[7] De Keyser R, Vanhove N. The competitive situation of tourism in the Caribbean area methodological approach [J]. The Tourist Review, 1994, 49 (3): 19-22.

[8] Dickinger A, Lalicic L. How emotional do we get? A closer look into the trip advisor dialogue [C] // Information and Communication Technologies in Tourism. Innsbruck, Austria, 2013: 239-252.

[9] Dimitrios B. Marketing the competitive destination of the future [J]. Tourism Management, 2000, 21 (1): 97-116.

[10] Dippelreiter B, Grün C, Pöttler M, et al. Online tourism communities on the path to Web 2.0: An evaluation. [J]. Information Technology & Tourism, 2008, 10 (4): 329-353.

[11] Doolin B, Burgess L, Cooper J. Evaluating the use of the Web for tourism marketing: A case study from New Zealand [J]. Tourism Management, 2002, 23 (5): 557-561.

[12] Doolin B, Burgess L, Cooper J. Evaluating the use of the Web for tourism marketing: A case study from New Zealand [J]. Tourism Management, 2002, 23 (5): 557-561.

[13] Dwyer L, Kim C. Destination competitiveness: Determinants and Indicators [J]. Current Issues in Tourism, 2003, 6 (5): 369-413.

[14] Frihida A, Marceau D J, Thériault M. Development of a Temporal Extension to Query Travel Behavior Time Paths Using an Object-Oriented GIS [J]. Geoinformatica, 2004, 8 (3): 211-235.

[15] Ghose A, Ipeirotis P G, Li B. Designing Ranking Systems for Hotels on Travel Search En-

gines by Mining User-Generated and Crowdsourced Content [J]. Marketing Science, 2012, 31 (3): 493-520.

[16] Goldblatt D, Perraton J, Held D, et al. Global transformations: Politics [M] // Economics and Culture. Cambridge: Polity Press, 2006.

[17] Johnson P A, Sieber R E, Magnien N, et al. Automated web harvesting to collect and analyse user-generated content for tourism [J]. Current Issues in Tourism, 2012, 15 (3): 293-299.

[18] Kim M J, Chung N, Lee C K. The effect of perceived trust on electronic commerce: Shopping online for tourism products and services in South Korea [J]. Tourism Management, 2011, 32 (2): 256-265.

[19] Kim W G, Kim D J. Factors affecting online hotel reservation intention between online and non-online customers [J]. International Journal of Hospitality Management, 2004, 23 (4): 381-395.

[20] Kim W G, Lee H Y. Comparison of web service quality between online travel agencies and online travel suppliers [J]. Journal of Travel & Tourism Marketing, 2005, 17 (2-3): 105-116.

[21] Li L, Buhalis D. E-Commerce in China: The case of travel [J]. International Journal of Information Management, 2006, 26 (2): 153-166.

[22] Litvin S W, Goldsmith R E, Pan B. Electronic word-of-mouth in hospitality and tourism management [J]. Tourism Management, 2008, 29 (3): 458-468.

[23] Lubbe B, Louw L. The perceived value of mobile devices to passengers across the airline travel activity chain [J]. Journal of Air Transport Management, 2010, 16 (1): 12-15.

[24] Mackay K J, Smith M C. Destination advertising: Age and format effects on memory [J]. Annals of Tourism Research, 2006, 33 (1): 7-24.

[25] Mich L, Franch M, Martini U. A modular approach to quality evaluation of tourist destination web sites: The quality model factory [C] // Information & Communication Technologies in Tourism. Vienna, Austria, 2005: 555-565.

[26] Mihalic T. Environmental management of a tourist destination: A factor of tourism competitiveness [J]. Tourism Management, 2000, 21 (1): 65-78.

[27] Morosan C, Jeong M Y. Users´ perceptions of two types of hotel reservation Web sites. [J]. International Journal of Hospitality Management, 2008, 27 (2): 284-292.

[28] Mulholland R, Cachon J C. Online marketing communication in the tourism industry: An exploratory study of website effectiveness among tourist lodge operators in Northern Ontario [J]. Journal of Small Business & Entrepreneurship, 2004, 17 (3): 175-186.

[29] Munar A M, Jacobsen J K S. Motivations for sharing tourism experiences through social media [J]. Tourism Management, 2014, 43 (8): 46-54.

[30] Pan B, Fesenmaier D R. A typology of tourism related web sites: Its theoretical background

and implications [C] //Information and Communication Technologies in Tourism. Barcelona, Spain, 2000: 381-395.

[31] Park D, Lee J, Han I. The effect of online consumer reviews on consumer purchase intention: the moderating role of involvement [J]. International Journal of Electronic Commerce, 2007, 11 (4): 125-148.

[32] Peterson R A, Merino M C. Consumer information search behavior and the Internet [J]. Psychology & Marketing, 2010, 20 (2): 99-121.

[33] Piccoli G. Web-site marketing for the Tourism Industry: Another view [J]. Cornell Hotel & Restaurant Administration Quarterly, 2001, 42 (6): 63-65.

[34] Prestipino M, Aschoff F R, Schwabe G. How up-to-date are Online Tourism Communities? An Empirical Evaluation of Commercial and Non-commercial Information Quality [C] // Hawaii International Conference on System Sciences. IEEE, 2007: 38.

[35] Pritchard A, Morgan N J. Culture, identity and tourism representation: Marketing Cymru or Wales [J]. Tourism Management, 2001, 22: 167- 179.

[36] Robin J B, Ritchie J R, Brent Ritchie. A framework for an industry supported destination marketing information system [J]. Tourism Management, 2002, 23: 439-454.

[37] Senecal S, Nantel J. The influence of online product recommendations on consumers' online choices [J]. Journal of Retailing, 2004, 80 (2): 159-169.

[38] Sirse J, Mihalic T. Slovenian tourism and tourism policy: A case study [J]. The Tourist Review, 1999, 54 (3): 34-47.

[39] Tonderai M, Janet E, Ray D. Recommendations for e-commerce systems in the tourism industry of sub-Saharan Africa [J]. Telematics and Informatics, 2009, 26: 12-19.

[40] Versichele M, Groote L D, Bouuaert M C, et al. Pattern mining in tourist attraction visits through association rule learning on Bluetooth tracking data: A case study of Ghent, Belgium [J]. Tourism Management, 2014, 44 (13): 67-81.

[41] Xiang Z, Pan B. Travel queries on cities in the United States: Implications for search engine marketing for tourist destinations [J]. Tourism Management, 2011, 32 (1): 88-97.

[42] 安金明. 旅游目的地的创新集成模型研究 [J]. 武汉理工大学学报 (交通科学与工程版), 2005 (6): 936-939.

[43] 白凯, 吕洋洋, 李薇薇. 旅游网站信息类型、品牌与服务保证对网站信任的影响 [J]. 旅游学刊, 2014, 29 (3): 91-99.

[44] 曹新向. 充分利用网络, 为旅游研究和决策服务 [J]. 旅游学刊, 2007, 22 (5): 12-13.

[45] 陈国柱. 旅游目的地研究的科学知识图谱分析 [J]. 资源开发与市场, 2015, 31 (12): 1545-1548, 1553.

[46] 崔凤军. 生态旅游目的地竞争力时空演变及提升战略研究 [D]. 北京: 中国科学

院研究生院，2001.
[47] 戴光全，陈欣．旅游者摄影心理初探——基于旅游照片的内容分析［J］．旅游学刊，2009，24（7）：71-77.
[48] 高静，齐天峰，章勇刚．地方政府官方旅游网站营销功能实证分析［J］．地理与地理信息科学，2007，23（2）：104-108.
[49] 何秋亚．基于游客视角的旅游目的地旅游信息官方网站评价研究——以南京、杭州为例［J］．江苏商论，2016（1）：64-69.
[50] 黄勤慧．城市旅游目的地竞争力比较研究［J］．重庆行政（公共论坛），2013，4：76-78.
[51] 黄莎，陈金华，陈秋萍．基于网络信息嵌入性的旅游目的地形象传导研究［J］．人文地理，2012，27（3）：109-114.
[52] 黄先开，张丽峰，丁于思．百度指数与旅游景区游客量的关系及预测研究——以北京故宫为例［J］．旅游学刊，2013，28（11）：93-99.
[53] 黄潇婷，李玟璇，张海平，等．基于 GPS 数据的旅游时空行为评价研究［J］．旅游学刊，2016，31（9）：40-49.
[54] 黄潇婷．基于 GPS 与日志调查的旅游者时空行为数据质量对比［J］．旅游学刊，2014，29（3）：100-106.
[55] 贾鸿雁．长三角地区城市旅游网站信息构建与服务评价［J］．情报科学，2015，33（5）：129-133.
[56] 李山，邱荣旭，陈玲．基于百度指数的旅游景区络空间关注度：时间分布及其前兆效应［J］．地理与地理信息科学，2008，24（6）：102-107.
[57] 李伟，李慧凤，杨洁．基于智慧旅游视角的景区网站服务功能及其评价——以华北地区 10 家 5A 级旅游景区网站为例［J］．资源开发与市场，2015，31（9）：1149-1152.
[58] 李云霞，杨萍，杨路明．旅游业对互动信息流的依赖性分析［J］．经济问题探索，2005（3）：106-108.
[59] 刘慈萱，宋保平，畅雅静．基于网络分析的旅游目的地文字形象认知符号探讨——以北京市为例［J］东南传播，2014（7）：42-46.
[60] 刘宇青，徐虹．基于供应链整合的旅游目的地竞争力提升研究——以京津冀域旅游目的地为例［J］．青岛酒店管理职业技术学院学报，2010，2（2）：1-8.
[61] 路紫，赵亚红，吴士锋，等．旅游网站访问者行为的时间分布及导引分析［J］．地理学报，2007，62（6）：621-630.
[62] 吕洋洋，白凯．旅游交易网站消费者评价维度研究——以携程网为例［J］．旅游科学，2014，28（2）：49-60.
[63] 马丽君，孙根年，黄芸玛，等．城市国内客流量与游客网络关注度时空相关分析［J］．经济地理，2011，31（4）：680-685.
[64] 彭环宇．许可营销——在线旅游企业网络营销的新方法［J］．湖南大学学报（社

会科学版)，2001 (S1)：131-133.

[65] 屈册．基于网络文本分析的旅游世界建构对比研究——以平遥古城为例 [J]．北京第二外国语学院学报，2014，36 (3)：69-79.

[66] 任嘉．在线旅游业盈利模式分析 [J]．上海管理科学，2009，31 (4)：46-51.

[67] 任乐，崔东佳．基于网络搜索数据的国内旅游客流量预测研究——以北京市国内旅游客流量为例 [J]．经济问题探索，2014 (4)：67-73.

[68] 涂红伟，郭功星．在线旅游消费者是积极主动还是消极逃避？——认知需要对困惑与满意度的影响 [J]．旅游学刊，2018，33 (7)：91-102.

[69] 万绪才．基于旅游服务功能的饭店网站评价初步研究——以南京市星级饭店为例 [J]．旅游学刊，2007 (7)：64-67.

[70] 王守成，郭风华，傅学庆，等．基于自发地理信息的旅游地景观关注度研究——以九寨沟为例 [J]．旅游学刊，2014，29 (2)：84-92.

[71] 王媛，许鑫，冯学钢，等．基于文本挖掘的古镇旅游形象感知研究——以朱家角为例 [J]．旅游科学，2013，27 (5)：86-95.

[72] 吴茂英，黄克己．网络志评析：智慧旅游时代的应用与创新 [J]．旅游学刊，2014，29 (12)：66-74.

[73] 阎友兵，马朋．基于 DEA 方法的旅游电子商务网站效率评价研究 [J]．湖南财政经济学院学报，2013，29 (4)：32-36.

[74] 杨敏．基于关键词查询的旅游目的地在线信息关注度分析——以我国 8 大旅游热点城市为例 [J]．资源开发与市场，2014，30 (2)：244-251.

[75] 杨锁强，王国玉，张梁．旅游网站的信息产品策略与营销模式研究 [J]．情报杂志，2003，22 (12)：55-57.

[76] 姚占雷，许鑫，李丽梅等．网络游记中的景区共现现象分析——以华东地区首批国家 5A 级旅游景区为例 [J]．旅游科学，2011，25 (2)：39-46.

[77] 于海波．网络话题作为定性数据来源的研究方法探讨——以旅游动机研究为例 [J]．旅游科学，2011，25 (1)：46-53.

[78] 袁梦如，何雨．我国 5A 级旅游景区网站功能评价及优化对策 [J]．旅游研究，2012，4 (1)：43-48.

[79] 张高军，李君轶，张柳．华山风景区旅游形象感知研究——基于游客网络日志的文本分析 [J]．旅游科学，2011，25 (4)：87-94.

[80] 张青年，杨云．旅游业的网络营销发展态势及对策 [J]．桂林旅游高等专科学校学报，1999 (1)：49-51.

[81] 张文华．对我国在线旅游盈利模式的思考 [J]．商场现代化，2008 (17)：262.

[82] 张妍妍，李君轶，杨敏．基于旅游数字足迹的西安旅游流网络结构研究 [J]．人文地理，2014，29 (4)：111-118.

[83] 赵振斌，党娇．基于网络文本内容分析的太白山背包旅游行为研究 [J]．人文地理，2011，26 (1)：134-139.

[84] 钟行明，喻学才．国外旅游目的地研究综述——基于 Tourism Management 近 10 年文章［J］．旅游科学，2005（3）：1-9.

[85] 钟艳，厉新建．旅游目的地竞争与吸引力创新分析［J］．商业经济与管理，2006（11）：77-80.

[86] 周春林，杨洁，俞肇元．旅游电子商务网站内容交付性测量与评价研究［J］．旅游学刊，2010，25（12）：37-43.

[87] 周永广，马燕红．基于携程网自由点评的游客满意度评价及游客管理研究——以黄山风景区为例［J］．地理与地理信息科学，2007（2）：97-100.

[88] 朱峰，吕镇．国内游客对饭店服务质量评论的文本分析——以 e 龙网的网友评论为例［J］旅游学刊，2006，21（5）：86-90.

[89] 朱峰．国外“旅游与信息技术”研究进展及启示［J］．图书情报工作，2010，54（17）：100-103.

[90] 朱磊，潘辉．基于概念模型的皖江城市带旅游目的地竞争力研究［J］．铜陵学院学报，2013，3（1）：62-66.

[91] 朱颖．温泉旅游目的地竞争力提升路径研究——以安徽半汤镇为例［J］．湖州师范学院学报，2012，34（2）：98-101.